人は
なぜ争うのか

―戦争の原因と平和への展望―

岩木秀樹

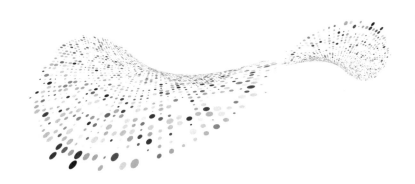

鳳書院

はじめに

現在、世界は戦火に包まれている。ガザやウクライナで、他にも多くの地域で戦争が起きている。

なぜ、人類はこれほどまで戦争をするのか。それほどまで殺し合うことが好きなのか。なぜ仲良く暮らせないのか。このような絶望を感じている読者も多いだろう。

しかし、戦争は人類の宿命ではない。歴史的にも戦争をしない時代はあったし、地域的にも平和な地域は存在する。戦争が宿命であれば、この本の存在意義はない。戦争を低減化できるからこそ、上梓を決意した。したがって本書では、戦争の原因と平和への展望を考察する。現在の世界情勢を考えても、これほど重要な問題はないであろう。

本書の第一部では、戦争の原因を四つの段階に分けて分析する。第一は、類人猿は戦争をしないが人間はするので、その相違点、特に抽象化能力と社会性に着目して戦争の原因を考察する。第二は、狩猟採集から農耕牧畜社会に移行する時に戦争が増大するので、農耕牧畜社会の定住化、排他的な線引き志向、政治権力の発生について論じる。第三は、近代の国民国家の成立以後、戦争が激烈になるので、国民国家の領域性、ナショナリズムなどを分析する。第四は、最近の軍産複合体や民間軍事会社など、経済的要請で戦争が行われることを考察する。

第二部では、最近の戦争やイスラームと仏教の平和、暴力にあらがう志向様式を論じる。まず、イスラエル・パレスチナ紛争とウクライナ戦争の歴史的要因や現状を述べ、多様な観点を指摘し、今後を展望する。次に、このような戦争を平和と共存へと導くために、世界最大の宗教集団になるイスラームと、日本人に最もなじみのある仏教の平和・共存様式を分析する。最後に、暴力に抵抗するために、非暴力や非殺人、自己家畜化を考察し、長く広い視点の重要性を指摘する。

なお、読者により幅広く興味を持ち、知識を深めてもらうために、関連のコラムも載せてある。また現に生起する問題にも論及しており、2024年現在の状況であることをお断りしておく。さらに拙著『中東イスラームの歴史と現在―平和と共存をめざして―』第三文明社、2018年、『共存と福祉の平和学―戦争原因と貧困・格差』第三文明社、2020年、『きちんと知ろうイスラーム』鳳書院、2022年、『幸福平和学　暴力と不幸の超克』第三文明社、2024年の内容や参考文献も参照いただきたい。

人はなぜ争うのか――戦争の原因と平和への展望――【目次】

装幀：クリエイティブ・コンセプト
本文デザイン：安藤 聡
澤井慶子

本書では、「博《ひろし》」「泉《いずみ》」「勝《まさる》」の３人が登場し、
戦争と平和の問題について対話している。

●博は、学生時代に国際関係学のゼミに所属し、その後大学院に進み、現在、平和学やイスラームについて研究している。

●泉は、博と同じ大学出身のゼミ仲間で、国際社会を舞台に働く女性である。

●勝は、泉と同じ会社に勤める同僚である。

●泉と勝は、今後推進する業務で、国際情勢や戦争と平和の問題について、知っておく必要があった。そこで二人はこれらの問題に詳しい博から、さまざまなことを聞く機会を作ってもらった。

第一部

戦争の原因は何か

1　戦争とは何か

（1）戦争は本能か

泉　最近もいろいろ戦争が多いね。ガザやウクライナなど、人間はいつでも戦争をしている気がする。

勝　そうだ、いやになる。戦争は人間の宿命なのかな。人間には戦争本能があるのかも。

博　確かに、こう戦争ばかりだとそう考えるのもわかる気がする。だけど、本能によって戦争が起こるのではないんだ。そもそも本能は科学的用語ではなく、最近はほとんど使われなくなっている。本能により戦争が起こるのなら、人間が存在している限り、戦争は絶えず発生することになる。

勝　確かに論理的にはそうなるね。

博　本能によって戦争をするのなら、反戦の努力は無駄になり、あきらめましょう、ということになる。でも歴史上、あまり戦争をしなかった時期もあるし、戦争をそれほどやらない地域もあった。本能ではなく、他の要素が介在するから、戦争という形態になる。

泉　確かにそうね。なぜ、この時代の、この地域で戦争が起こったのかは、本能論ではわからないね。

博　1986年にスペインのセビリアで開かれた「脳と攻撃」に関する第6回シンポジウムで発表された「セビリア声明」でも、本能が否定された。

勝　どんな内容だったの。

博　次のようなものだ。①動物が他の動物を襲うのは肉体的必要を満たすためであり、本能的に他の動物を「攻撃」するのではない。②暴力は遺伝のみではなく、人間の性格は遺伝と環境によって決まる。③生物進化の過程で人間がより攻撃的になったという証拠はない。④「暴力的な脳」というのは存在しない。⑤人間は本能によって戦争をするのではない。

泉　なるほど、本能によって戦争をするわけではないんだ。でも、暴力的な脳は存在するかもしれないよ。

博　確かに、本能とは違う概念で、人間の暴力性が将来ある程度解明できるかもしれない。ホルモンの研究や脳科学、遺伝子学によって暴力性の一部がわかってくるかもしれない。しかし、戦争の原因はそれだけでは解明できないだろう。

勝　他に戦争の原因を調べる方法はあるの？

博　暴力を回避する研究をすれば、逆に戦争が助長される要因もわかる。例えば、集団間に葛藤や対立があったときには、物理的暴力ではなく、第三者に調停させるとか、財産を放棄したほうが勝ちとか、ルールを伴った儀式をするとか、いろいろある。

勝　具体的にどのようなことが行われているの？

博　インドのある地方では意見の相違が起こった時には、祈禱師を呼んで、すべての決定を彼に任せる。太平洋岸北西部のネイティブ・アメリカンでは、ポトラッチと言われる制度がある。これは祝宴や係争の勝負などでは、多くの財産を贈与または破棄したほうが高い地位につける。またコロンビアの地方では、当事者が棒で木や岩をたたき、先に棒を折ったほうが勝利者となる。

泉　なるほど、そんな制度もあるんだ。それにスポーツや祭りも、集団間の葛藤やストレスを減らしたりする効果があるかも。

博　それはあるね。人類はさまざまな方法を使って、物理的暴力を回避するやり方を編み出したからこそ、これまで生存できたし、繁栄できたと言える。

勝　少し希望が持てたよ。なぜ戦争が起こるのかを少しでも解明できたら、戦争を低減化できるかも。

博　これから戦争の原因を四段階に分けて、説明していこう。第一は、類人猿は戦争をしないけれど、人間はするので、類人猿と人間の違いに戦争原因が隠されているかもしれない。第二は、狩猟採集社会ではそれほど戦争が起きなかったが、農耕牧畜社会では起きるようになったので、その違いを見ていく。第三は、近代の国民国家形成後に、戦争が大規模化しかつ激烈になったので、国民国家の特徴に戦争原因があるかもしれない。第四は、最近の軍と軍需産業が一体化した軍産複合体や民間軍事会社などの経済的要請によって戦争が発生することが多くなっているので、それも説明していきたい。

(2) 戦争の定義

泉　ところで、戦争とはどういうものなの、定義はあるの？

博　基本的な定義は、「政治集団間の武器を用いた組織的暴力」というものだ。

勝　じゃあ、夫婦喧嘩や殺人事件や暴力団同士の抗争などは入らないの？

博　それらは戦争の定義に入らない。またかつては国家のみが戦争の主体だったが、それ以外の政治集団も入るようになった。だから、テロリストの戦いは、政治性が入ってきて組織的だったら戦争の定義に入ることもある。ところで現在、戦争は国際法では認められていない。認められているのは、武力行使のみだ。

勝　武力行使って何？　戦争と違うの。

博　いくつか説はあるが、武力行使とは、国連の安全保障理事会が承認したものと、安保理が必要な措置を取るまでの間の限定的な自衛のための武力行使だ。

勝　現在、戦争はできないのか。

博　第一次大戦後に戦争の違法化が進んだ。でも日本などが、戦争ではなく、何々事変とか事件という名前で、戦争を行った。そのようなすり抜け行為を無くすために、一部を除いた武力行使一般が禁止になった。このように、第二次大戦後、さらに戦争の違法化が進んだ。憲法9条はその典型だ。

泉　ほかに、戦争関係の定義で何か問題はある？

博　戦争の定義を最大化して考えると、「星の衝突や動物同士の争い、原始部族間の戦いなどの暴力的接触」というものもある。

勝　それは広いなー、暴力的接触とはすべての事象が入ってくるよ。

博　確かに広すぎる定義だけれど、メリットもある。長い大きな視点で、戦争や争い、衝突の歴史を見ることができるんだ。最近、はやっているが、宇宙誕生からの138億年の歴史を考察するビッグヒストリー的視点に立つことができ、近代や国家、さらに人類中心史観を相対化できる。

勝　相対化か、なんか難しいような気がするね。

博　すべてのものを、当たり前で、当然で、昔から現在までずっと続いているとは考えない志向様式だ。民族は数百年前に、国家も数千年前に成立したものであり、永遠に続くものではなく、人類の歴史も宇宙から比べれば、短い一瞬の歴史になる。

泉　環境問題や新型コロナなども、人類中心史観から発生したと考えられるね。

博　人間と動植物や無機物、惑星までも同じように扱うことが重要だ。生命的存在である有情も、非生命を含めた非情も、そもそも宇宙のチリやガスから生まれたきょうだいだ。

勝　そう言われてみればそうだ。その辺の植物や石ころも同じきょうだいと思えば、環境問題もそれほど深刻にならないかもしれない。

博　このような大きな視点で争いを扱えば、面白い歴史になるかもしれない。宇宙の誕生であるビッグバンも衝突や暴力的接触とも言えるし、６５００万年前の隕石の衝突により恐竜が絶滅したことも争いのビッグヒストリーに入る。

泉　恐竜絶滅は人類にとっても大事件だね。もし隕石の衝突がなければ、恐竜はいまだに地球最大の生物として君臨し、哺乳類は小型のままで、人類は誕生しなかったかもしれない。

勝　僕らがこうして誕生したのは、隕石のおかげだったのか。

博　そう単純じゃないけれど、そういう側面もある。いずれにしても、争いのビッグヒストリーは長く広く面白い視点に気づかせてくれる。このように宇宙の誕生から宇宙の消滅までを扱う学問だ。

泉　壮大な試みだ。ただ戦争の定義がぼやけて、散漫になってしまうかもしれない。

博　そのとおり。だからここでは、戦争の定義を通常のものとして、扱うこととする。広義の定義は今後の課題だ。

勝　そうそう、戦争を直接的暴力、貧困や格差を構造的暴力と呼ぶなどと聞いたことがある。

博　平和学者のガルトゥングの定義だ。暴力として貧困、差別、疎外なども含むもので、非常に重要な視点だと思う。最近では、構造的暴力を緩慢な暴力とも言うようになってきている。この構造的暴力も重要だが、これも今後の課題で、違うところで議論していきたい。だから、ここでは戦争とは、政治集団間の武器を用いた組織的暴力として、話を進めていこうと思う。

コラム 1

ビッグヒストリーの可能性

ビッグヒストリーとは、138億年前の宇宙誕生から宇宙の消滅までを含む、すべての歴史を学際的に研究する新しい学問である。

ビッグヒストリーにより宇宙と地球の時期区分をするならば、次のようになろう。

第一の時期は、約138億年前のビッグバンから約40億年前の地球における生命の誕生までの時期で、「自然現象の時期」である。

第二の時期は、生命の誕生から約20万年前のホモ・サピエンスの誕生までの時期で、「生命の誕生と多様化の時期」である。

約138億年前に誕生した宇宙 /PIXTA

第三の時期は、ホモ・サピエンスの誕生から約1万年前の農耕の開始までの時期で、「新しい生物・人間の誕生の時期」である。

第四の時期は、農耕の開始から約200年前の近代世界の成立までの時期で「農業革命による動物的食物連鎖を脱した時期」である。

第五の時期は、近代世界の成立から現代までで、「近代化の時期」である。

ビッグヒストリーは、過去と現在の実際の地図を提供し、歴史の中で人類がどこにいるのか、私たちが生き残るためには何をする必要があるのかを示してくれる。また長く広い視点で歴史を考察することにより、国家やナショナリズムなどを相対化できるメリットもある。

宇宙はまだ始まったばかりで、私たちは宇宙の春を生きている。地球も他の惑星も、生命も、すべてちょうどよい均衡の下で存在し、この瞬間を今生きているのである

2　類人猿と人間の違い

(1) 攻撃と暴力

博　それでは、これから戦争の原因の四段階のうちの第一段階、類人猿と人間の違いを見てみよう。

泉　類人猿は戦争をしないが、人間はするので、その違いに戦争の原因が隠されているかもしれないということだよね。

博　まずいくつか前提を説明しよう。動物の攻撃と人間の暴力の違いだ。攻撃とは獲物を捕らえたり、自らの命や縄張りを守ったりする自然の生命活動で多くの動物に見られる先天的で普遍的な行動だ。

勝　それはそうだ。攻撃をしなければ生きていけないので、問題はないと思う。人間も攻撃をしているが、食物連鎖の一環で、この点では動物と人間には連続性があると思う。

博　それに対して、暴力は、食物連鎖や生命維持のためではなく、人間同士が行う他者に対する心理的・物理的・社会的な破壊力のことだ。このように、暴力は、人間に特有な後天的で文化的な行動であり、悪という意味が含まれている。

泉　なるほど、攻撃は動物も人間も行うが、暴力は人間に特有なんだ。でも、動物でも同種間で、縄張り争いなどをする場合もあるよ。

バッファローを襲うライオン /PIXTA

博　でも、自分とは異なる種と、種内での争いはかなり違う。肉食獣などが獲物を狙うのは食欲から発する行動なのに対して、同種の仲間を攻撃するのは、食べ物やテリトリーをめぐる争い、また交尾相手を巡る葛藤が原因だ。

勝　でもどちらも攻撃している点では同じじゃないか。

博　攻撃の仕方がかなり違う。獲物を狙うのと同じ方法で同種の仲間を攻撃することはほとんどない。獲物は効率よく仕留めることが重要だが、仲間に対してはあまり殺したりしない。

泉　それはそうだ。仲間を殺したら、自分たちが絶滅するかもしれないからね。そんなことありえない。

博　同種の仲間への攻撃では、争いが起こった原因を取り除くか、自己主張を相手に認めさせれば、争いが収まるルールがある。多くの動物において、種内の攻撃は、敵に傷害を与えないよう儀礼化されている。同一種内の殺害を禁じることは、先天的要素であり、殺害を命じることは文化という後天的要素だと言われている。

勝　文化ということは、人間だけが同一種内の殺害をやっているということ？

博　そういうことになるね。大規模に戦争などで同一種を殺害するのは人間だけだ。

泉　人間って最低ね。「ヒューマン」と「けだもの」という言葉があるけれど、「けだもの」のほうがよっぽど、ヒューマニストで人道的だね。全く言語矛盾だけれど。

博　人間は立派で正しく、動物は劣っていて暴力的だという考えも、疑ってみないといけない。精神科医のアンソニー・ストーは、こんなことを言っている。自分自身の種のメンバーを殺す習性を持った脊椎動物は人間以外にいない。同じ種の仲間に残虐行為をして喜びを感ずる動物は人間だけだ。私たちはかつて地上を歩いたものの中で、最も残忍で無慈悲な種である。

勝　なんか、人間であることが嫌になるね。でもライオンの子殺しなどを聞いたことがあるよ。これも同種内での殺しじゃあないかな。

博　確かにそうだが、他のオスの子どもを排除することで、子を殺されたことによりメスの発情が早まり、自分の子どもをそのメスに産ませるのだ。一種の繁殖戦略とも言える。子殺しは確かに同種内の殺し合いだが、自己のＤＮＡを残そうとするものであり、人間の戦争とはかなり異なる。

泉　なるほど。人間とは異なるんだね。

博　ただ、最近の研究では、ライオン、オオカミ、ハイエナ、アリなどの社会性が強い種では、組織された集団攻撃で隣の群れを殺戮する場合が報告されている。チンパンジーやゴリラのような高等な類人猿もその傾向があるらしい。

勝　へー。社会性や高度な知能が殺し合いに影響しているのかな。

博　その可能性はある。今後、戦争の原因として、人間の社会性や抽象化能力などの高度な知性が影響していることを説明するが、その萌芽が動物の一部などに見られるのかもしれない。

（2）類人猿と人間の類似点

博　類人猿と人間の違いを見ていくことにより、戦争の原因がわかるはずだ。

泉　確かに、その相違点に戦争の原因が隠されているかもしれない。どのような違いがあるの？

博　その前に、類人猿と人間の似た点をまず見てみよう。そもそもチンパンジーやゴリラ、オラウータンなどの大型の類人猿は、人間とあまり変わらないんだ。

勝　そうなの？　違いは少ないの。

博　類人猿と人間との遺伝的距離は、類人猿とニホンザルとの距

争いのない世界へ――人間はわかり合える。赤ちゃんに愛情を注ぐ母親チンパンジー／２枚ともPIXTA

離よりも小さい。特に、チンパンジーが人間に最も近縁で、人間は、チンパンジーのDNAの約1パーセントしか違わない。

泉　ほとんど一緒じゃないの。

博　だから、最近はチンパンジーなどを、ヒト科に入れるようになっている。霊長類学者の中には、半分冗談で、「チンパン人」と言う人もいる。

泉　面白いね。チンパンジーは、人がやっていることは大体同じようにやっているかも。

博　いじめや派閥争い、騙《だま》し合いなどいろいろやっている。人間家族の成立条件は、インセスト・タブー（近親交配の禁止）、外婚制、コミュニティ形成、分業の4つだけれど、このうち分業を除く3つがすでに霊長類にも見られている。

勝　インセスト・タブーもあるのか。ほぼ、人間と一緒だ。

博　今まではインセスト・タブーは人間社会のみに見られる独特な規範と考えられてきたが、現在は人間と霊長類の社会を区別する特徴ではなくなっている。

泉　他に似た点はある？

博　死の概念も少しわかっているかもしれない。あるチンパンジーはミイラ化した自分の子どもを数週間も持ち続けていたり、遺体となった母親のそばでひと晩過ごすチンパンジーもいたりする。

泉　死ということもわかっているの。

博　人間と同じではないけれど、さらにこんなこともあったらしい。死産をしたチンパンジーの母親に、仲間が悲しみの感情を共有し、キスをしたり手を握ったりするような「遺族」を慰めるような行動をしていた。

勝　人間と一緒だ。死による悲しみの共有をしているのかもしれない。

博　今まで死を意識するかどうかが、人間と類人猿の違いであったと考えられてきた。しかし、類人猿もある程度、死を意識しているのかもしれない。

泉　死を意識する類人猿か。類人猿の研究を進めると、人間のことも多少わかるかもしれない。

博　類人猿と人間の連続性を研究することにより、人間の行動や暴力の問題を原初に立ち返って考察でき、さらには戦争の原因の一端を類人猿の生活、生殖、集団性の中に見出すことも可能かもしれない。

勝　でも、類人猿は戦争をしていないから、人間の持つ何らかの性質が戦争の原因のメインになると思う。

博　そのとおり。だから、次から類人猿と人間の相違点から、戦争の原因に迫っていこう。

（3）類人猿と人間の大きな相違点：おばあちゃんの存在と集合的学習

博　類人猿と人間の大きな違いは、人間にはおばあちゃんが存在することだ。

勝　なにそれ？　類人猿には、おばあちゃんがいないの？

博　いない。繁殖力が無くなったら、存在価値はないので、死ぬんだ。それに対して、人間の特徴である閉経は、子供を支えるために進化したという説もある。

泉　どういうこと。閉経がいいことだったの？

博　人間の女性は閉経を前倒しして、自分で子どもを出産するよりも、娘や息子たちの子ども、つまり孫の育児を支えることで、子孫の生存率を高めようとしたんだ。

勝　人間には老人という存在があり、子どもをサポートしたり、教えたりしたんだ。そう言えば、人間は子どもの期間も長い。他の動物だったら、すぐに立ち上がり、親と同じような行動をとるものもいる。

博　老年期と子ども期がどちらも長いのは、ペアになっているのかもしれない。さまざまな経験値や生活の知恵を、老人が次の世代の子どもに教えるのは重要だろう。これを繰り返せば、知識や知恵が重層的に積み重なることになる。それを集合的学習と言う。

泉　世代を経ることに、知識量が莫大に増えるね。もしかしたら学校や大学もこれと同じ原理かもしれない。

博　今の話に関連して、直立二足歩行になり、体重を支えるために骨盤が広くなり、そのため産道が狭くなった。だから小さな頭の子どもを産み、生まれてから脳を発達させるようになった。

泉　お母さんのお腹の中ではなく、出てから成長するということね。成長には時間がかかる。

勝　大体人間は、身体的には15歳くらい、社会的には20歳くらいで、大人になり、一人前とされる。

博　そう、すごく時間がかかる。母親だけではとても手が足りず、おじいちゃんやおばあちゃん、さらに集団で共同保育、共同育児をするようになった。知識量も増えたので、学校などで集合的学習をするようになった。

泉　集団も家族だけでは足りず、大きい集団のほうが多くの人びとに助けてもらえる。

博　集団規模は大きくならざるを得ない。緊密に付き合う仲間の数によって、脳も大きくなった。仲間同士の社会的な関係を覚えておくほうが、さまざまな場面で適切に行動できる。このような社会規模の拡大と社会的相互作用の複雑化により、脳が大きくなった。

勝　人間は脆弱で傷つきやすく成長の遅い動物だから、協力し合い集団化したわけか。その結果、脳も大きくなった。

博　そう、大きな集団を作って助け合って暮らすことが、生存を保障することになった。後に、集団をまとめる接着剤や結びつける装置として、芸術や宗教などが生まれたのかもしれない。宗教の起源が、共通の体験や、生きることや仲間であることの喜びの表現であるとの説もある。

泉　ところで、大きな集団で暮らしている種ほど、脳が大きいという話を聞いたことがある。

博　霊長類学者のロビン・ダンバーの説だ。７００万年から５００万年前では、人類の脳は、ゴリラやチンパンジーと同じ大きさで、集団サイズは10人から20人程度だった。２００万年前では、ホモ・ハビリスの頃で脳が少し大きくなり、集団サイズは30人位、アフリカ大陸を出た頃は30人から50人ほどだった。現代人の脳（約１５００cc）の大きさだと１５０人程度とされている。

泉　人間は家族や他の人びととの助けを借りて、育児や教育を行うなど、とても社会性が強い存在だということがわかった。

コラム 2

同調性と協力

同調性は、他者との調和の最も古い形で、自分自身の体を他者の体に重ね合わせ、他者の動きを自分自身の動きにする能力に基づいている。だからこそ、誰かが笑ったりあくびをしたりすると、私たちも笑ったりあくびをしたくなる。これらの同調性はサルや人間の新生児の段階にも見られる。

だが、異質に見える人や別の集団に属していると思われる人と同一化するのは難しい。文化的背景や民族的特徴、年齢、性別、職種などが同じもしくは、自分と似た人たちとのほうが同一化しやすい。配偶者や子どもや友人など、近しい間柄の人であればなおさらである。同一化は共感の基本的前提であり、マウスでさえ同じゲージで飼われている仲間に対してしか痛みの伝染を見せないそうである。

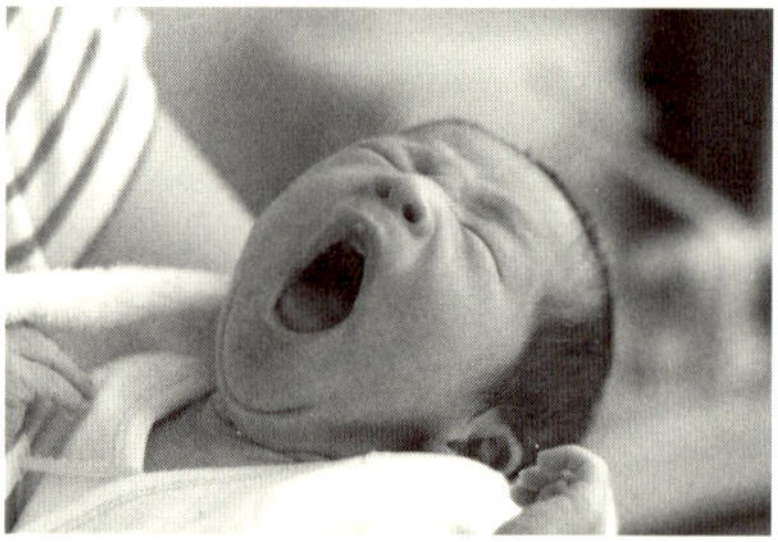
思わず微笑む赤ちゃんの大あくび /PIXTA

ただ人間は血縁以外でも協力することがある。人間は時間をかけて成長し、成年に達するまでの長い期間を他者に依存しなければならない。そのため、血縁関係にない個体が協力して子どもを育て食事を与えることから大きな利益が生み出される。

結果として、食物の供給、子どもの養育、非協力者への制裁、敵対する隣人たちからの防衛、正しい情報共有といった協力的な戦略を維持できた集団の成員たちは、互いに協力し合わない集団の成員たちに比べて、非常に優位な立場に立つことができた。

（4）類人猿と人間の相違点：二足歩行と言語及び火の使用

勝　さっき、二足歩行の話が出ていたけれど、これも人間の大きな特徴だよね。

博　常時、二足歩行をする動物は鳥類を除いて、ほとんどいない。

泉　二足歩行は何のためにするようになったの？

博　①自分の体を大きく見せるため。②長距離を移動するため。③太陽光線を受ける面積を減らして、体温調節を有利にするため。④見晴らしのよいサバンナでいち早く捕食者を発見するため。⑤上肢（手）で武器を使用するため。⑥両手で食物を運搬するため。このようなことが考えられる。

サルから人へ。だんだん二足歩行になる /PIXTA

勝　いろいろメリットがあるんだな。

博　前足であった手が自由に使えるようになり、道具を生み出し、手を使うことにより、脳も発達するようになった。

泉　高齢者施設などで、手を使って脳の活性化を図る光景を見たことがある。指先を細かく使うと脳に良いらしい。

博　大きな脳により、記憶力、洞察力、応用力が付いて、臨機応変な採食行動ができるようになった。さらに、言語も生み出すことができた。

勝　言葉の使用も、大きな人間の特徴だね。人間の人間たるゆえんと言ってよい。

博　言語により、そこにないものや空想上の話もできるようになった。言語は超越的なコミュニケーションを可能にして、物事を抽象化できるようになり、さまざまなイデオロギーが生まれた。

泉　哲学や宗教などの高い文化を言語はもたらした。またヴァーチャルな共同体も作ったと言える。

博　まさに、想像の共同体としての国家や民族がそうだ。実体がないものに共感を寄せて、一体感を多くの人びとにもたらした。人間の作り出した虚構が現実になったということだ。

勝　じゃあ、言語のデメリットもあるのかな。

博　言語によって仲間内で共有できる物語を作り出すとともに、世界を分かち、集団を内と外に分け、それがさらに強調されて味方と敵に分け、敵対意識を作ってしまった。まさにそれが戦争の原因となることもあった。

泉　ところで、火の使用も人間の特徴でしょう。これも脳や言語に関係しているのかな。

博　これも関係している。火で調理することにより、食べ物が軟らかくなり、消化が楽になったので、腸を動かすエネルギーを脳に回すことができるようになった。

勝　さらに火を使うことにより、寄生虫を殺すことができたり、衛生的になったり、人間が健康で長生きできるメリットもあった。

泉　火が胃腸の仕事をしたとも言えるかもね。

博　それは面白い見方だな。多くの生物はエネルギーを得るために、光合成や消化活動などさまざまなことをするが、人間は仕事の多くを火に外部委託した。類人猿が食べ物を嚙んでいる時間は、一日5時間くらいだが、火の使用によって咀嚼時間は大幅に減り、その時間を他のことに充てることができるようになった。

勝　他の時間とは、子どもの面倒や仲間とのさまざまなコミュニケーションや文化活動も入ってくるかもしれない。

博　脳が大きくなり、言語を生み出し、抽象志向をするようになり、さまざまな共同体を作った。また人間は社会性が強く、仲間と共同で物事をなしてきた。仲間意識を持つ虚構の共同体を作り、しばしば外の集団への敵対意識を持つようになり、戦争へと結びついた。人間は生物的サバイバルではなく、集団的要請で戦うようになった。

泉　確かに、類人猿は家族や共同体のために、死を賭して戦うことはない。そんなことをやるのは、人間だけだと思う。

コラム 3

二足歩行のデメリット

人間が直立二足歩行になったため、次のようなデメリットも生じた。

①四足歩行に比べて、スピードが出ず、エネルギー効率が悪い。②重い頭部が高い位置にあるため、バランスが悪く、転倒すると危険である。③重い頭部を細い首で支えているので、首や肩に負担がかかる。④四足歩行と比べて、高度な身体能力が求められるため、習得するのに長期間の身体的成熟と訓練を必要とする。⑤直立すると体重を支えるために骨盤が広く平板になり、それと引き換えに産道が狭くなり、難産になった。⑥脳へ血液を運ぶために大きな血圧が必要になり、高血圧となった。⑦血液が静脈系を通って体の中央に戻ってくる際に逆流防止の仕組みが必要になり、血栓ができやすくなった。⑧直立したため、直腸静脈のうっ血が激しくなったので痔になり、さらに胃下垂やヘルニアにもなりやすくなった。⑨直立した頭や体を、肩や下肢で受け止めるため、肩や腰、膝に大きな負担がかかり、肩こりや腰痛、膝関節痛が生じた。

腰痛は避けられない運命？ /PIXTA

このようにデメリットは多くあり、現在に至るまでさまざまな身体的影響を与えている。しかし、二足歩行によるメリットのほうが大きかったので、人類は大きな進化を遂げたのであろう。逆に、四足歩行であったら、人間はまだサルと同じであったかもしれない。

3 狩猟採集から農耕牧畜へ

(1) 世界は平和になってきたのか

博 近年、欧米の研究者を中心に、戦争の起源を農耕牧畜以前にさかのぼって考察し、狩猟採集社会もかなり好戦的であり、農耕牧畜社会や国家は好戦的ではなく、世界は次第に平和になってきている、との論が出てきている。

勝 へー、そうなんだ。誰が言っているの?

博 戦略研究家のアザー・ガット、心理学者のスティーブン・ピンカー、歴史家のユヴァル・ノア・ハラリたちだ。人類が地球上に出現して以来、私たちは最も平和な時代に暮らしている、と彼らは主張している。

泉　ちょっと楽観的じゃないかな。確かに、多くの先人の努力により、以前よりも豊かで暮らしやすい平和な社会になっているかもしれないけれど。

博　豊かなグローバルノースに暮らす人びとは、そう感じているかもしれないが、そうではない地域は、貧困や紛争などが多い。

勝　グローバルノースとは何？　最近よく聞くようになったけれど。

博　いわゆる先進国のことだ。ちなみに、途上国や新興国をグローバルサウスと言う。これらは単なる地理的概念ではなく、資本主義やグローバル化によって生じた社会経済的観点から生まれた用語だ。また先進国の中でもさまざまな差異があり、途上国や新興国も同様で、中には豊かな国も出始めている。

泉　冷戦中はグローバルサウスのことを第三世界と言っていたけれど、冷戦も終結を迎え、古くなってきたから、これらの用語が生まれたのかな。

博　ところで先ほどの欧米の研究者らは一応、数字を使って説明している。ピンカーは、国家以前の狩猟採集社会の暴力死は15パーセントだが、現在では3パーセントしかないとしている。ただこれは、戦死者ではなく、犯罪や私的な戦いも入っている。

勝　5倍も違うのか。やっぱり、世界はだんだん平和になってきているのかな。

博　だが、多くの批判もされている。例えば、平和研究者の遠藤誠治は次のような批判をしている。狩猟採集社会の暴力を過度に強調している。啓蒙思想の肯定面のみに着目し、それに内在する暴力性を看過している。国家の自国民に対する暴力性を軽視している。

勝　現在の狩猟採集社会もそれほど暴力的でないと聞いたことがある。私たちは文明人で、狩猟採集民は原始的で好戦的だと、勝手に偏見を持っているのかもしれない。

博　哲学者のマルクス・ガブリエルも、ピンカーは万時順調であると書いているが、現実はその反対で、人口過剰・核兵器・気候変動など自らを滅ぼすような道を歩んでいる、と言っている。

泉　最近だって、ガザやウクライナ、コロナ禍、さまざまな災害等、問題が山積している。

博　ガザと言えば、ガット、ピンカー、ハラリ、いずれもユダヤ系なんだ。

泉　別に何系でも、いいじゃない。

博　そう、民族や宗教などは関係ない。ただイスラエルのさまざまな国際法違反に、ほとんど発言していない。目の前の戦争に言及せず、歴史は良くなっているとするのは、イスラエルの政策を現状追認していると言われてもしょうがない。

泉　確かにそうね。世界が平和になっているとするのは、やられている側、虐げられている側を無視している気がする。他にも批判はあるの?

博　そもそも、もちろん戦死者数は重要だが、最近の戦争は大規模化して、環境問題や精神疾患、家族や友人が引き裂かれるなど、数値化できない重大な問題が生じている。近年、核戦争の危機も叫ばれていて、戦死者数どころか、人類が破滅する可能性がある。

勝　ウクライナやガザでも核兵器の使用が言われていた。いろいろな観点から批判されていたんだ。

博　日本の考古学からも反論があった。この分野では戦争研究も盛んで、狩猟採集時代ではなく弥生時代から、戦争の考古学的証拠が出土していると反論している。第一の根拠は、戦争と暴力がきちんと分けられていないということだ。

泉　確かに、さっきも戦死ではなく、暴力死だった。

博　戦争は集団間の組織的な武力衝突で、個人的な殺人や暴力とは分けなくてはいけない。戦争では、相手が敵対する集団のメンバーであるというだけで殺すべき対象になる。

勝　敵と味方に、はっきりと人を分類するようになるんだ。他の反論はあるの？

博　彼らが依拠した資料は、サンプル数も３００と少なく、データもつまみ食い的で、資料の地域も時期もばらばらで、英語文献のみを使っていて、東アジアの資料はすっぽりと抜けていた。

泉　欧米、特に英語文化圏の学者にありがちで、英語文献のみで研究をすることはありそうね。

勝　僕もつくづく、英語話者の人はうらやましいと思う。英語だけですべて事足りるし、皆英語をしゃべってくれるし、いいよな。

博　考古学者の松本直子によれば、暴力による受傷例は、縄文時代早期から晩期までは1・8パーセント、弥生時代早期から後期までは3パーセントだ。ピンカーによる狩猟採集時代の暴力死は15パーセントだから、農耕牧畜社会の弥生時代の3パーセントと比べても実に5倍も多い。ピンカーらの数字はかなり怪しいと言える。他の考古学者の研究でも、戦争が行われだしたのは、約1万年前の農耕牧畜社会、日本史で言えば、弥生時代以降と考えるのが妥当だと思う。

(2) 狩猟採集から農耕牧畜社会へ

勝　でもなぜ、農耕牧畜社会になると戦争が多くなるの?

博　農耕牧畜により、自然に制約された不安定な生活から、穀物の貯蔵や家畜の飼育をして、畑などを耕すため定住生活に入った。生産力が高まったので余剰物が生じ、私有財産の観念が生まれ、貧富の格差が生じ、作物や余剰物の管理・分配を巡って政治権力が誕生した。

泉　牧畜も大きな影響をもたらしたの?

博　牧畜や家畜により、新しいエネルギーにアクセスできるようになった。人間は牧草を直接食べることはできないが、牛や馬などはそれができる。それらの動物に牧草を食《は》ませ、荷物を引かせたり、畑で仕事をさせたり、最終的には殺して食べることもできる便利なものであった。牛や馬は人間の10倍もの仕事ができるんだ。

泉　農耕牧畜は大きな革命ね。狩猟採集時代は、野山で果物や木の実を見つけ動物を捕まえ、川や海で貝や魚を取っていた。あまり動物と変わらない生活を送っていた。でも農耕牧畜は全く異なり、そのようなことを動物は、やっていない。

博　農耕牧畜は人間が人間たるゆえんのひとつで、人類が最初に経験した産業革命であり、食料生産革命とも言われる。

勝　田畑を耕すと、ここは俺の土地だという意識が強くなるんじゃないかな。狩猟採集も多少のテリトリー意識はあるけど、田畑はもっと強くなる気がする。

博　そうだ。耕地を作るために木を切り、平らな土地にするなど、非常に大変な作業になる。田畑は血と汗の結晶で、命をつなぐ食料の源だ。それを守る意識は、狩りや採集などよりも何倍も真剣で強烈なものになる。

勝　そりゃそうだ。耕地を作り守り、引き継ぐのは相当大変だ。

博　耕地のような明確な不動産が誕生したことが、ここは俺の土地だというなわばり意識や排他的な防衛意識を強め、争いの原因となったと思う。

泉　貧富の格差や政治権力も生じたと言っていたけれど、それも戦争と関係しているの？

博　している。農耕牧畜によって他の動物とは決定的に違う発展の道に進んだ。生産された社会的剰余の管理・所有・分配のための社会構造を作りあげた。貧富の格差により社会的ストレスが高まり、政治権力者は自らの地位を維持する目的、もしくは敵を外に作ることにより内集団の凝集力を高める目的で、あえて戦争に訴えることもあった。

泉　政治家が戦争をやり、支持率を上げることは今でもやっている。無理やり外部に敵を作り、今、目の前に敵がいるのに内部でガタガタ言うな、自分についてこい、というようなことを言うのは政治家の常套手段だ。

博　耕作地の誕生で、排他的な線引き意識が生まれ、しかもその土地を子孫に継承させる必要が出てくる。したがって系譜意識や血縁原理などをもとに強固な集団が作られるようになった。こういうことになると、当然異なる集団間で戦争になりやすくなる。

勝　なるほどね。農耕牧畜によって、生産量が上がり、貧富の差が生じ、政治権力が生まれた。耕地が誕生したことで、排他的な線引き意識や系譜意識が台頭し、他集団との戦いの可能性が高まったんだ。

（3）定住化と戦争の考古学的証拠

泉　農耕牧畜により、特定の土地に縛られるようになり、定着性が増すのね。

博　人類は出現してから数百万年は定住することなく暮らしてきた。大きな社会を作ることもなく、希薄な人口を維持してきた。環境が荒廃することも、し尿やゴミなどの汚物にまみれることもなく生き続けてきた。

コラム 4

共感力の暴発

人間の生存確率を高めるために、さまざまな人々の力を借りたり、共感力を高めたりして、集団の規模を大きくした。人間は物質欲求と同じくらい、仲間からの承認欲求が強いので、社会性を高め仲間を作った。

それは同時に、集団の内と外を区別することにもなり、集団の仲間を思いやるがゆえに、集団の外に敵を作るようになった。共同体を大きくするために、発達した共感力が、方向を変え外への敵意となった。霊長類学者の山極寿一は、戦争の起源は、共感力の暴発と言っている。

高い身体能力を持たない人類の祖先が生き延びるために獲得した社会力が、共感力であった。しかし、それが言語による抽象化や、農耕牧畜による排他的な所有権と結びつき、他集団に対する暴力の引き金にもなった。集団の結束力を、言語や宗教などによって高めた結果、内部と外部集団の軋轢《あつれき》が一層大きくなった。

今後は共感能力をより大きな上位の集団に移譲することと、集団の純粋性や優越性を強調するのではなく、隣人愛や慈悲などの寛容性を重視し、集団の差異を乗り超えることが必要だろう。

仲間意識が強すぎて、その輪に入れない人もいる/PIXTA

勝　定住することにより、ゴミに囲まれるというデメリットもあったんだ。

博　約1万年前に最後の氷河期が終わり、温かくなったので大型獣がいなくなった。森林が増えたことにより、獲物が見えにくくなり狩猟がうまくできなくなって、植物性食料か魚類への依存を強める以外に道がなくなった。

勝　だから、この時期に定住し、農耕牧畜が生まれたんだ。

博　この時期から定住革命が進み、逃げる社会から逃げない社会へ、逃げられる社会から逃げられない社会へと生き方の基本戦略を変えた。

泉　定住したから、逃げられなくなったわけね。それでは周りの集団とストレスや葛藤が多くなり、紛争になる可能性が増える。

博　移住する狩猟採集民の集団は、他集団との関係が危うくなると、素早く離れることによって、戦争に近い緊張状態を解消できる。でもこの平和な選択を、定住は奪ってしまった。

勝　なるほど、確かに定住は戦争の原因にもなるね。

博　ちなみに、他の戦争原因を、考古学者の松本直子は次のように三点指摘している。経済的視点として、農耕により人口が増大すると土地や水を巡る争いが起きる。社会的視点として、人口増加と余剰生産物の蓄積によって社会の階層化が進み、格差や対立が生まれる。文化的要因として、自集団への強烈な帰属意識によって、敵を殺すことは良いことになる。

泉　ところで、考古学では戦争が起こっていたことを証明するものとして、どのようなものを考えているの？

博　戦争の考古学的証拠として、次のようなものの出土を基準にしている。①武器など人を殺すため専用に作られた道具とそれから身を守る防具。②守りの施設で、堀、土塁、バリケードなどを巡らした集落や都市。③武器によって殺されたり、傷つけられたりした人骨。④武器をそなえた墓。戦士の身分や階層があったあかしで、その社会で戦争が日常化していたことの反映だ。⑤戦う社会ならではの現象としての武器崇拝。⑥戦争をあらわした芸術作品だ。

泉　このようなものが出てきたら、戦争が起こっていたことがわかる。

博　人骨以外は、ただ単に戦っていたことのしるしではなく、戦争が組織化され、それに対する備えがなされ、その社会で戦争が認知された政治的行為にまで発展したことを示すものだ。これらの証拠は世界の多くの地域で、農耕牧畜社会が成立した後に見られる。日本史で言えば、弥生時代以降で、本格的な武力衝突は、古墳時代中期以降に見られる。

コラム 5

農耕の困難さ

約1万年前に狩猟採集から農耕牧畜社会に人間は移行した。生産量が伸びて物が豊かになったが、食事の多様性や栄養価は少なくなった。ビタミンやミネラルが少ない小麦や米、ジャガイモが主食となったので栄養が偏った。農業は重労働であったから、これらの穀物などを人間が栽培化したというより、人間がこれらに家畜化されたと言ったほうがよいのかもしれない。

労働時間も農耕牧畜になり伸びたと言われている。現在のカラハリ砂漠の狩猟採集民は、週に35時間から45時間程度しか働かず、狩りは3日に1日で、採集は毎日3時間から6時間程度だ。農耕牧畜社会では、たくさんの家畜がいて、それらが動物由来の感染症の原因となった。さらに定住しているので、多くの人びとに蔓延することが多かった。

懸命に畑を耕す /PIXTA

耕作をするため中腰など不自然な姿勢をとることが多く、腰痛などにもなった。それに対して狩猟採集社会では運動することが多いので、健康に良く体力もついた。

農耕牧畜民は、満足度の低い生活を強いられ、狩猟採集民は、刺激的で多様な時間を送り、飢えや病気の危険が少なかったと言われている。

しかし農耕牧畜により、食料の総量が増え集団が大きくなり、政治権力や国家が生まれ、文明が発達することにもなったのである。

4　国民国家の成立

(1) 国家の暴力性

博　今まで、戦争の原因として、人間と類人猿の違い、狩猟採集から農耕牧畜への移行を見てきたが、ここでは国家、特に近代の国民国家の特徴に戦争原因が隠されていることを見ていきたい。

泉　集団がより緊密になり、強制力も軍事力も増大したのが国家だから、戦争の原因に深く関係してそうだ。

博　まずは、国家の定義の問題を見ていこう。マックス・ウェーバーの古典的な国家の定義によれば、国家とは、ある一定の領域の内部で正当な物理的暴力行使の独占を要求する人間共同体である。

勝　それは有名で、聞いたことがある。

博　この「正当な物理的暴力」という表現自体が矛盾だと、政治学者のダグラス・ラミスは指摘している。辞書では、暴力とは「乱暴な暴力、無法な力」と書かれている。つまり暴力とは無法で不当なものということだ。

泉　ということは、「正当な物理的暴力」という言葉は、「正当な不当性」と言っていることになる。

博　そう矛盾なんだ。これはウェーバーのせいではなく、国家の持っているそもそもの矛盾が露呈したんだ。国家の正当性を担保するために、不当な暴力や軍事力が前提となっているからだ。

泉　暴力を求心力にして作られた国家の問題点が浮き彫りになったのね。

博　国家は二つの機能を持っていて、対内的には問題の解決と社会秩序の維持であり、対外的には外敵からの防衛だ。このような機能を実行するために、警察力や軍事力が与えられている。国家が国家たるゆえんは、国家が武器を独占し、最高の物理的強制手段である軍隊を占有していることだ。暴力を最終手段として行使するという点で、国家は他の社会集団とは全く異なる。

勝　でも、国家の警察力や軍事力は、当然のものと考えられている。これがあるから、安全に住めるんじゃないかな。

博　確かにそうだ。国家による安全保障がなくなったら、どうなるかわからないという恐怖心を植え付けられた。国家がなければ、人類は万人の万人に対する闘争になってしまう、とホッブズらの現実主義者は考えた。

泉　国家があることにより闘争や戦争にならず、国家が私たちを守ってくれるということね。

博　国家は私たちを外国から守るために交戦権を行使し、私たちをお互いから守るために警察権力と司法権力を行使する。これが国家を生み出した社会契約だ。

勝　でも本当に国家は私たちを守ってくれたのかな。国民を戦争に駆り出し、時には自国民を軍隊が殺した例もあった。

博　もちろん国家が守ってくれることもあったが、人類史上、多くの人びとが国家の暴力によって非業の死を遂げた例も多い。

泉　確かに、そういった例は多くの国にある。

博　国家は暴力を独占し、それによって権力が担保されている。国家の暴力装置により、安全が保障されていると言われているが、むしろ国民の安全が脅かされ、戦争に結びつくことも多かった。このような国家の存在そのものが、ある意味で戦争の原因になっている。

勝　ところで、国家はいつぐらいにできたの?

博　大体5000年前の現在の中東地域で、都市国家が生まれたとされている。現在の私たちは、国家の中で生きているので、所与のものと考えがちだが、国家の歴史は短い。国家のみを人びとの共同体と考える必然性はない。私たちは国家なしでも長いあいだ生きてきたし、今後も新しい共同体が作られるかもしれない。

勝　確かに、現在のものが過去から未来まで永遠に存在するとは限らない。

博　評論家の加藤周一が面白いことを言っていた。国家という形態が時代遅れになりつつある。国家は経済単位として小さすぎる。文化単位としては大きすぎる。にもかかわらず、政治だけが国家単位で行われていることに、現在の最大の問題がある。

泉　そのとおりね。国家を超える動きがいろいろ見られるとともに、逆に、近年内向きなナショナリズムも見られるけれど。

(2) 国民国家の誕生

博　ナショナリズムは、近代の国民国家の時代に生まれたものだ。

勝　どのようにして国民国家が誕生したの？

博　フランス革命などの市民革命が起こる前の絶対王政の時代、特に1648年のウェストファリア条約時に主権の概念が生まれ、国民国家の外枠としてのステイト（state）が成立した。権力・支配機構としての国家であり、国家を超える上位の権力を否定した国家主権の概念によって成り立っている。

勝　国家主権って何？

博　領土や国民、政治体制などを含んだ国家を支配する統治権限で、対外的には他国に支配されない独立性や政治の在り方を最終的に決める権利のことだ。この主権を国内でも国外でも認めさせ、円滑に行使して、反対する者には統制力を働かせるための常備軍や警察、官僚制を作っていった。

泉　現在の私たちの国家ということね。外枠のステイトができて、主権の概念が生まれてからどうなったの？

博　フランス革命などの市民革命の時代に国家の内実としてのナショナリズムが生まれて、ネイションがステイトに付与されて、ネイション・ステイト、つまり国民国家が誕生した。

勝　ナショナリズムはいつから台頭したの？

博　いろいろ説はあるが、フランス革命に反対する諸外国の干渉戦争により国家内部が凝集力を増し、一体感が強まった。その後、フランス人意識が徐々に生まれ、ナショナリズムが台頭したと言われている。同時に、フランス革命により身分制もかなり打破されたので、国民意識も作りやすかった。

泉　その後、このナショナリズムがどんどん世界に広がったのね。

博　フランスの例はひとつのモデルであり、すぐに全世界に広がったわけではない。そもそも一民族一国家などは存在せず、本家本元のフランスでさえ、20世紀になってもフランス語がわからないフランス人がいたんだ。

勝　日本も同じような状況かな。日本人意識はいつくらいから生まれたのかな。

博　ほとんどの日本人が自分は日本人だと認識するようになったのは、明治の中頃と言われている。

勝　えっ、じゃあ、例えば江戸時代の日本人は自分を何だと思っていたの？

博　ごく一部のエリートたちには、なんとなく日本人意識はあったかもしれない。でもほとんどの庶民は、何々村に住む者とか、薩摩藩の人間だとかだと思う。当時の天皇や将軍の名前を言える人はほとんどいなかったのではないか。そもそも、日本はどこからどこまでなのか、はっきりしない。

勝　確かに。北海道などは以前はアイヌモシリ（アイヌの土地）だったし、時代によってどこが日本かはっきりしない。

博　現在の状況を過去にまで投影して、過去も同じようだったと考えるのは問題だ。ナショナリズムも過去から未来へ永遠にあるものではなく、時代や地域によって変化する存在拘束性を帯びた概念で、想像の共同体とも呼ばれている。

（3）国民国家の特徴

博　国民国家は、特定の領土において主権を主張し、法律があり、警察や軍隊による統制に支えられた統治装置を持っている。

勝　ところで、以前の国家と国民国家は何が違うの？

博　第一に、かつての国家の国境ははっきりと決められていなかったので、中央政府の統制の度合いは弱かった。しかし国民国家では、政府が明確な境界によって区画された地域に対して支配権を有して、その国境内では最高権力となる主権が生まれた。

泉　この前、議論になった国家主権ね。違いの第二は何？

博　かつての国家では住民のほとんどは、自分たちが統治する国王や皇帝について関心を持たなかった。支配階級や裕福な集団のみ、国王や皇帝が支配する共同体に対し共属感情を持っていた。それに対して、国民国家では、領土内に住む人のほとんどが、共通の権利と義務を有する市民であり、自分が国民の一人だと認識している。

勝　さっき話していた多くの人が日本人意識を持つようになったのは、明治中期からということと同じだね。

博　違いの第三は、第二と関係しているが、ナショナリズムが勃興したことだ。人は、家族や氏族、宗教集団、職業集団などさまざまな社会集団にアイデンティティを抱いてきたが、ナショナリズムはそれとは異なる強烈で排他的なアイデンティティだ。

泉　なるほど。それまでの国家との大きな違いは、明確な国境線による主権概念、共属感情とナショナリズムというわけね。

勝　国境線を強く意識したり、自分たちは同じ集団の人間だ、外国人は違う人間だと考えたりすると、外国の人びとと対立や憎悪が起きそうだ。

博　排他的な国境線や、内と外を分割する志向様式は、紛争につながりやすくなる。境界線で囲まれた均質な領域性は、国民国家では重要な考え方だ。この均質な領域性を維持するため、内部と外部を区別すると、暴力に結びつくようになる。

泉　確かにそうね。現在でも世界中に見られるし、日本もほとんどの周辺国と、島や岩などの国境線争いをしている。

博　この線引きの論理は、内＝安全、外＝危険という安全保障概念とも密接だ。そもそも安全保障概念は、不安を前提としている。自国と外国を、友と敵というように敵対的に捉え、未来に対して不安や危険をかきたてている。国家による安全保障がなくなれば、どうなるかわかっているのかと恫喝《どうかつ》しているようだ。

勝　国家が敵から守ってくれると多くの人は考えていると思う。でも敵を作り出しているような気もする。

博　そもそも、領土と恐怖や暴力は語源的には密接なんだ。領土（territory）は、ラテン語の土地や大地を意味するterraから来ている。これは怖がらせる、脅えさせるというterrereと密接な関係があり、現在のテロ（terror）の語源でもある。

泉　えっ、テリトリー（territory）とテロ（terror）は同じ語源だったの？　びっくりした。

博　だから領土という語には、暴力の行使を通して占領した土地であることが含意されている。領土的思考様式は暴力性を持ったもので、戦争の原因ともなる。

コラム 6

国家の機能と交戦権

国家の機能は大きく分けて二つある。対内的には社会秩序の維持であり、対外的には外敵からの防衛である。このようなことを行うために、権力、特に警察力や軍事力などの物理的強制力が与えられている。

外敵からの防衛のために戦争を実行する交戦権は、戦時中、兵士たちが人びとを殺し、傷つけ、捕らえ、所有物を破壊する権利である。交戦権を権利と呼ぶことは奇妙に聞こえるかもしれないが、兵士から見れば極めて重要な権利である。つまり交戦権は戦争を可能にするものである。兵士が外国に行って人びとを殺すことを自分の政府に命じられた後、殺人のために逮捕されてしまうのなら、誰もそのような労働条件の下で、戦場に行かないだろう。

軍事作戦を遂行する兵士たち /PIXTA

物理的強制力や暴力装置を有する国家が、暴力や戦争を行う主体となり、国家と戦争の関係が親密になることは当然であろう。つまり暴力を持つ国家の存在そのものが、ある意味で戦争と密接に結びついている。

国家の強制装置である軍や警察そのものが自己目的化し、国民ではなく国家機構や軍を守るために、暴力を内外に行使する傾向が国家にはある。軍や国家の暴力性そのものを根源的に問う必要があろう。

（4）暴力の集中と戦いへの駆り立て

博　国民国家で初めて暴力の集中が進んだ。それまでは、暴力は武士や騎士、封建諸侯の間に分散し、農民たちも武器を持って自衛していた。

勝　農民の一揆があったり、お寺でも僧兵がいたり、かなり暴力や武器が蔓延していた。

博　だが近代に入り、刀狩り、廃刀令などにより中央政府へ暴力が集中し、世界各地で同様なことが起こった。傭兵や徴兵制による中央政府の軍隊が創設され、政治権力の物理的基盤となり、鉄砲を中心とする兵器の近代化がさらに中央政府への暴力の集中に拍車をかけた。

泉　政府のみが武装を許され、他の集団が武力を持つと銃刀法違反で逮捕される。

博　国民国家が出現する以前は、あらゆる暴力集団が戦争の主体になり得た。しかし、近代以後は、主権を持つ政府が戦争遂行のアクターとなった。近代において、戦争は主権国家が国境を越えて行う武力紛争とされた。

勝　でも最近は国家のみならず、テロ集団などが暴力の主体にもなっていて、戦争は国家のみが起こすものではなくなっている。

博　この国民国家体制下で、戦争はどんどん激烈になってきている。近代化・工業化により武器の殺傷能力が向上したからだ。さらに、ナショナリズムは、宗教や社会主義と同様の信条価値であり、これで争うと、敵を悪魔や虫けらと捉えるようになり、相手を抹殺しなければならなくなる。土地や食物の争いでは、それを取れば終わりだが、信条価値で争うと、殲滅《せんめつ》戦となる。

泉　確かに、全面対決になり、戦争が激烈になる。

博　国民国家の国民皆兵や総力戦により、敵対国への憎悪や利害の不一致のない人まで、戦わなければならなくなる。哲学者のジャン＝ジャック・ルソーは、戦争は人と人の関係ではなく、国家と国家の関係なのであり、そこにおいて個人は、人間としてではなく、市民としてでさえなく、ただ兵士として偶然にも敵となる、と言っている。

泉　殺したくも、殺されたくもない者が、国家の名の下、動員されてしまう。今でもそのようなことは多い。

博　殺したくも殺されたくもないので、軍隊の発砲率は、第二次大戦時にはたったの15から20パーセントだった。敵であっても同種の人間を殺すことにためらいを感じて、戦場で良心的兵役拒否者になったということだ。

勝　へー、そんなに低かったの。人間も捨てたもんじゃないね。もともと平和主義者なのかもしれない。

博　だが、軍隊はこれではだめだと感じて、敵を躊躇《ちゅうちょ》なく殺せる殺人マシンを養成するようになった。射撃目標を人型にして実践で人間を殺すことへの抵抗感をなくさせた。さらに相手が人間以下であると洗脳することにより、心理的抵抗感もなくさせた。この結果、ベトナム戦争では発砲率は90から95パーセントに激増した。

泉　人間には両側面がある。平和主義者にも殺人マシンにもなる。

勝　教育や訓練により、いかようにもなる可能性があるということだ。

5　経済的要請

（1）戦争の経済的メリットとデメリット

博　経済の観点で戦争を考えてみたいと思う。実は第二次大戦くらいまでは、戦争により経済成長をする場合もあった。

勝　以前は戦争で儲かっていたんだ。

博　その要因として、第一は、第二次大戦以前は戦勝国による敗戦国の領土の併合や賠償金の取り立てが比較的自由にできたからだ。

泉　敗戦国は当然、経済成長できないよね。

博　それはそうだ。敗戦国は経済成長どころではなく、自国が無くなることもあった。第二は、敵との軍事技術や軍事力に差があれば、短期的に勝負がつき、コストがかからなかった。第三は、軍需と民需の壁が高くなく、軍事技術の成果を民需用技術に転換するのが簡単にできたからだ。

勝　最近の核兵器システムなどは、あまりに特殊で、民需に転換できないような気がする。

博　第四は、不況時に戦争が始まると、軍事需要が発生し、さらに代金は政府が払ってくれるので、焦げつくことはない。第五は、広範な国民の間に熱狂的愛国心が生まれ、国家がまとまり、経済も上向きになる。

泉　確かに以前はこういうことがあり、経済効果があったのか。でも、人が亡くなるとか、精神的負担、資源・コミュニティ・文化の損失、環境破壊などのすべてのコストを計算に入れると、第二次大戦前も、マイナスになっていたんじゃないかな。

博　確かに、目に見えないものまでも含む総コストを計算に入れると、昔もマイナスになっていたかもしれない。ところで、経済学者のポール・ポーストは、次のような条件がそろえば、戦争は経済にとって有益だとしている。

勝　戦争で多くの人びとが死ぬのに、経済的に有益とは、いやな感じだ。

博　それはそうとして、その条件とは、開戦時点での低経済成長、戦時中の巨額の継続的支出、戦争が長引かないこと、本土で戦闘が行われないこと、資金調達がきちんとしていることなどだ。

泉　こういう条件が当てはまれば、成長できたのか。でも、第二次大戦以降は、戦争により経済の衰退をもたらすようになったんでしょう。

博　そう、その要因の第一は、国際関係が変化し、内政干渉や侵略、領土の併合、賠償金の取り立てが国際的に禁止されたこと。第二は、核軍拡のためのコストが暴騰したことだ。ちなみに、1946年から1993年までのアメリカの軍事支出額は、約2000兆円であり、この内の4割弱が核軍拡関連分野だ。この2000兆円という金額は、全米の製造業の工場・設備の総額に、道路や鉄道などの社会資本の総額を加えたものを上回っている。

勝　よくわからないくらいの膨大な金額だ。

博　経済の衰退をもたらす要因の第三は、先ほど出てきた特殊な軍事技術は民間に応用・転換できないということ。例えば、ステルス技術は民間には使い道がない。そして第四は、やはり軍拡の人間的・エコロジー的コストだ。核物質・劣化ウラン弾や地雷などにより大気や大地が汚染され、戦争で家族が解体され、精神を病んだ人たちが増えるなど、これらを計算に入れると、おそらく天文学的数字となる。

(2)経済的要請：軍産複合体の存在

勝　こんなにも戦争の経済的デメリットがあるのに、なぜ戦争が起きるのか。

博　戦争の原因は、個々の戦争をきちんと調べなければわからないが、経済的要請によって起こることもある。

泉　でも経済的には戦争はコストがかかり、損なんでしょう？

博　確かに長期的全体的に見れば、戦争は明らかに経済的にはマイナスになる。ただ短期的に一部の人にとって儲かるものでもある。軍需産業、民間軍事会社や、そこから利益を受け取る官僚や政治家たちだ。

勝　戦争で儲けるとは武器商人、死の商人だ。

博　戦争が起こると、武器の在庫一掃ができ、軍事予算が大幅に増加し、軍需産業に発注が増える。最近は自国の正規軍を使わずに、民間軍事会社に、兵隊を外注することも多くなっている。

泉　なぜ外注しているの？

博　自国の兵士が死傷したら、世論から批判が来るし、戦争後も多額の補償をしなければならない。それなら、民間に委託したほうが得というわけだ。

勝　そうしたら、「どこかで戦争や混乱が起きないかな」と待ちわびている民間軍事会社や軍需産業があると思う。本当に死の商人だ。口には出さないが、戦争が起きると「有難う、また一儲けできる」とほくそ笑んでいるだろう。

博　そういう人びとや団体が、政治と密接な関係を持ち、献金をしたり、票田になったりしている。つまり、経済的要請によって戦争へと進んでしまう可能性があるということだ。戦場で死ぬのは軍人であり、戦争の怖さをよく知っている。だから軍人は戦争に抑制的で、民間人や政治家のほうが好戦的になる場合もある。

泉　制服組より背広組や実業家のほうが、戦争を望む場合もあるってことか。

博　このような軍と産業界が結びついて生まれた軍事体制は軍産複合体と言われている。アメリカのアイゼンハワー大統領が、１９６１年の退任演説の時に言及して有名になった。当時はソ連と激しい軍拡競争をしており、それまでのデュアルユース（軍民両用技術）では対抗できなくなり、もっぱら軍に特化した技術を供給するシングルユースに代わった。冷戦に勝つためには軍事に役立つ技術のみを追求するほかなかったからだ。

勝　そのような激しい競争の中で、軍と産業界の癒着《ゆちゃく》である軍産複合体が生まれたのか。

博　軍産官学労複合体と言う人もいる。官は官僚や役所、学は教育機関、労は労働者だ。これらが緩やかに結託して、経済的要請で戦争をもたらすこともある。

勝　教育機関も入っているの？

博　当然入っている。さまざまな武器や生物・化学兵器、核兵器は、研究機関や大学で、研究・開発された。さらに武器を作っている会社や工場は、日本でさえも、子会社や孫請けまで含めれば、かなりの数が武器生産に関与している。

泉　私たちも当事者だということを自覚する必要があるね。

(3) 莫大な軍事費

泉　世界の軍事費は相当な金額でしょうね。

博　2023年の世界の軍事費の合計は、約367兆円で、一位はアメリカ約137兆円、二位中国約44兆円、三位ロシア約16兆円、四位インド約13兆円、その後、サウジアラビア、イギリス、ドイツ、ウクライナ、フランスと続き、第十位は日本で約6・8兆円だ。

勝　そんなにすごい金額なんだ。アメリカが世界全体の約4割の軍事費だ。ロシアは戦争をしているけど、アメリカはその約9倍もの軍事費を使っている。

博　しかも、最近ウクライナやガザで戦争が起きており、軍事費はどんどん増えている。

泉　日本も中国や北朝鮮の脅威ということで、今まで対GDP比で1パーセントだったが、2パーセントに倍増しようとしている。

勝　軍事費はある程度はやむを得ないけど、それほど必要なのかな。もっと私たちに差し迫った脅威、例えば感染症や災害、貧困・格差、医療・教育のほうが重要な問題だと思う。

泉　確かに紛争が多い地域では、軍事費は重要なのかもしれないけれど、軍産複合体などの問題があったように、本当に必要なのか、特定の個人が私腹を肥やしていないか。また自分たちの利益のために、戦争をたきつけていないか、吟味する必要がある。

博　そうだね。軍事費にお金をかけすぎ、それを敵が脅威に感じ、敵も軍事費を増大させるといった軍拡のスパイラルが始まる。まさに今、世界で起きていることがそれだ。

勝　例えば、イラク戦争（2003年〜）にはどれくらいの軍事費が使われたの。

博　いろいろ説はあるが、約1000兆円だろう。

泉　1000兆円！　もうよくわからない数字だ。

博　1000兆円あれば、世界のさまざまな問題を解決できるだろう。これだけの軍事費を費やして、何か良いことがあったのか。非常に疑問だ。イラクではシーア派政権になり、アフガニスタンではタリバンが復活し、どちらもアメリカが一番いやな政権となった。

泉　そうね。戦争の結果、アメリカが最も望まない政府となったとは皮肉ね。

博　戦争や混乱により、テロリストが生まれ、世界各地でテロが起こり、当該地域の人びとから米軍は嫌悪され、米兵は亡くなったり、精神疾患になったりした。

勝　新聞で読んだことがある。戦闘を経験した兵士の3割は、大なり小なりPTSD（心的外傷後ストレス障害）になると書いてあった。

博　ＰＴＳＤになり、自死してしまう人もたくさんいる。戦場での戦死者の４倍になる場合もあると言われている。また帰国しても、戦闘がフラッシュバックして、銃を乱射する元兵士もいる。

泉　何のための戦争かわからなくなる。何か良いことはあるの。

博　ところで、戦争が終わった後も、戦費はかかるんだ。

勝　なんで？　戦争が終わったんだから、必要ないじゃない。

博　死傷した兵士たちに、補償金、恩給、障がい手当などを払わなくてはならないからだ。ちなみに、１９９０年に始まった湾岸戦争の障がい手当だけで、２００８年の時点で合計７兆円以上も費やした。ノーベル経済学賞を受賞したスティグリッツの本では、イラクとアフガニスタンの帰還兵の約50パーセントは傷病手当を受け取っており、その手当と医療費に１４０兆円を費やしている。彼の本は２０１２年出版だから、現在はもっと多くなっている。

勝　ところで、日本も軍事費第十位だから、決して少ないほうではないね。アメリカから多くの兵器を買っているんでしょう。

博　買わされているといったほうがいいかも。軍需産業は基本的に寡占企業だし、アメリカの言い値で買っているので、兵器の価格は非常に高くなる。日本は世界各国の中でも、アメリカからの輸入が近年非常に増えている。輸入額について、２０１０年度は約７００億円で、世界13位だったが、２０１７年度は５４００億円で、３位になった。

泉　世界3位なの。ほかはどのような国なの？

博　1位はカタール、2位はサウジアラビア、4位はイスラエル、5位はイラクだ。

航空自衛隊・F-35Aのアクロバット飛行 /PIXTA

勝　日本以外は中東の国で比較的紛争が多い地域だ。

博　日本は2018年にアメリカから戦闘機F35AとF35Bを合計105機購入することを決めた。総額は約1兆2000億円だ。しかも維持整備費もかなりかかり、F35Aだけでも30年間で、約1兆3000億円かかる。

泉　そんなにかかるの？　日本の財政は火の車なのに。

博　だから、兵器ローンで払うんだけれど、兵器ローンの借金残高は増え続けており、2013年では3兆2000億円余りだったが、2019年度予算では5兆3000億円余りになった。借金残高が年間防衛費本体を上回ってしまった。

泉　軍産複合体や軍事費はいろいろ問題があるね。

コラム 7

兵器のパラドックス

憲法学者の小林直樹は、現代の兵器生産の構造的パラドックスとして次のようなことを主張している。

第一に、兵器の大量生産と蓄積は、その使用とはけ口を求める軍隊や軍需産業などの組織を刺激し、戦争への危機が高まる。

第二に、兵器を大量生産する先進諸国は、兵器の改良や財政上の必要から、積極的な武器輸出政策をとるが、その多くの輸入国であるグローバルサウスでは、内戦の勃発や拡大に武器が使われやすい。

第三に、兵器は人間の生活や文明の進歩に反する非生産的な浪費であり、そのために大量に資源を使うことは、私たちの子孫の生活権を侵害することにもなる。

カラシニコフ銃 /PIXTA

第四に、大量の兵器の行使はもちろん、その廃棄によっても自然環境を破壊・汚染する。

第五に、最大の危険は、偶発による核戦争の勃発にあるが、兵器の改良・増産はその危険を増進させる。

すべての兵器をすぐに無くすことは現実的でないが、軍事力や兵器の相互エスカレーションを防ぐためにも軍縮や外交的解決、相互対話はより重要であろう。

歴史的にも、軍備や軍事力があったから、戦争になった例も存在する。1990年代のユーゴスラヴィア紛争の初期において、対ソ連のための武器が身近にあり、それが紛争に使用されたこともあった。アジア太平洋戦争の沖縄戦において、軍隊が駐留していない島は米軍に攻撃されなかった例もあった。今後は軍隊や兵器の存在そのものも議論する必要があろう。

第二部

最近の戦争と平和への展望

6　イスラエル・パレスチナ紛争

(1) 国際法違反のイスラエル・パレスチナ紛争とユダヤ教徒迫害

博　今まで、一般的な戦争の原因を説明してきたけれど、ここでは最近のイスラエル・パレスチナ紛争やウクライナ戦争の要因や歴史・現状などを論じていきたい。

泉　ここ最近、大規模な戦争が頻発していて、心を痛めている。早く平和が訪れるように、個別の戦争の原因も知り、平和の条件を展望したい。

勝　2023年10月7日に、パレスチナのガザ地区を実効支配するハマスがイスラエルへ大規模な攻撃をした時は驚いた。

博　ここ数十年無かったくらいの攻撃だった。ロケット弾約2500発を使い、イスラエル側の死者は1200人以上だった。これは50年前の第四次中東戦争と同じユダヤ教の祭日を狙ったものであり、明らかな国際法違反だ。

泉　人質を240人ほど取ったとも言われている。民間人や無関係な人も殺されて、ひどいと思う。

勝　でもその後に、イスラエルは大規模な攻撃をガザに仕掛けて、イスラエル側の死者の何十倍もの民間人が亡くなっている。

博　イスラエルも自衛の範囲を超える攻撃をしており、こちらも国際法違反だ。

勝　でも何で、突然ハマスはイスラエルに攻撃したの、単なる頭のおかしいテロリストなの？

博　突然この日にハマスが攻撃を仕掛けたわけではなく、歴史や経緯を見ていかなくてはならない。

泉　ところで、イスラエルは主にユダヤ教徒の国であるけれど、なぜユダヤ教徒は歴史上迫害されたの？

博　自分たちの信仰を堅持し、食事や割礼、安息日など独自の生活様式を維持し、自分たちを選ばれた民と考えていた。その地域の政治指導者から見れば、異質なものと映り、迫害の対象者として好都合だった。

勝　自分たちとは違う者を差別・抑圧することはよくあるね。

博　ただ、ユダヤ人差別は、中東にはあまりなく、ヨーロッパにおいて見られた。だからユダヤ問題とはヨーロッパ問題なんだ。

勝　中東にはユダヤ人差別はそれほどなかったのか。

博　ところで、ユダヤ教徒は、公職に就けず土地も所有しづらいので、所有よりは金融や商売などの交換に価値をおき、さらに学問や芸術に活路を見出した。

泉　自分の子どもたちに、文化・芸術で力を付け、商業で生業をたてさせて、何とか生き延びようとしたのかもしれない。

博　現在でも、金融・メディア・学問などの分野で活躍する人も多い。世界中にユダヤ・ネットワークを張り巡らせていて、国民国家を超える脱領域的ネットワークとして注目すべきだと思う。

勝　ユダヤの脱領域的ネットワークとは面白いね。領域争いが多い現在、そのような志向様式は重要だと思う。でも、現在のイスラエルが領域に固執しすぎるのはナチスによるホロコーストや中東戦争があったからかな。

博　もちろんそれもある。ナチスにより約６００万人が虐殺され、周りはアラブの国々に囲まれていて、いつ地中海に追い落とされるか危惧している。このあたりの歴史的経緯や中東が分断された流れやイスラエルの建国については、『きちんと知ろうイスラーム』（鳳書院、2022年）に書かれている。

(2) イスラエルとパレスチナの対立と非対称性

勝　ユダヤ問題はヨーロッパ問題と言っていたけれど、2000年前くらいに住んでいたと言われるパレスチナの土地に、イスラエルが1948年に建国されたんだよね。

博　もし2000年前に住んでいたところに国家を作れるのなら、アメリカのほとんどの人びとは移民前の土地に戻され、ネイティブ・アメリカンの国家が建国可能だ。日本だって北海道はアイヌモシリ（アイヌ人の土地）だったので、和人は北海道から撤退になる。そのようなことが世界で許されるのなら、大混乱になる。

泉　確かにそうね。でもなぜイスラエルは許されたの？

博　ナチスのホロコーストがあり、世界的な同情の念が広がっており、またヨーロッパからユダヤ人を厄介払いできるとも考えられたからだ。イスラエル国家が誕生するプロセスは、パレスチナ難民が生まれるプロセスでもあった。これをパレスチナ人はナクバ（大破局）と呼んでいる。

泉　ユダヤ人はホロコーストを、パレスチナ人はナクバを経験しているんだ。どちらも大きな悲劇だ。このような経験をしてきた両者は和解できないのかな。

博　自らの痛みを暴力によって解消してはいけない。やられたらやり返せば、暴力の連鎖は終わらない。

勝　確かに。本来は、最も苦しんだ人が幸福になる権利がある。でもイスラエル建国から今日まで、暴力の歴史が続いている。

博　イスラエルは強制的入植、戦争による占領、核武装などの国際法違反、分離壁の建設を行い、それに対して、パレスチナの側もさまざまな抵抗をしてきた。１９６７年の第三次中東戦争でイスラエルが大勝し、多くの地域を軍事占領した。

泉　確か、イスラエルは支配地域を一気に5倍にし、多くのパレスチナ難民が生まれた。

博　この戦争後の安保理決議242号は、ゴラン高原、ヨルダン川西岸、ガザ地区、シナイ半島などから撤退して返還すれば、アラブ国家はイスラエルの生存権を認めるというものだ。第三次中東戦争前の状態に戻るということが、和平交渉の出発点になっている。また1993年にオスロ合意があり、イスラエル・PLO（パレスチナ解放機構）の相互承認とヨルダン川西岸とガザの返還が謳われたが、結局うまくいかなかった。

泉　それがずっと今まで続いているのね。パレスチナ人が難民となって75年以上が経ち、一生難民で人生を終える人も出てきている。

博　ガザは特にひどい状況だ。イスラエルは2007年にガザを封鎖し、約230万人の人びとが「天井のない監獄」に入れられ、水・食料・電気・燃料、医薬品が非常に不足している。このような状態の中、ハマスはロケット弾等で攻撃をしかけ、双方でかなりの死者が出た。２００８年から今回の攻撃前の２０２３年までの死者の合計は、パレスチナ６４０７人、イスラエル３０８人で、およそ20倍の開きがあり、非対称的だ。

勝　そんなに数が違うの？「暴力の連鎖」と言う言葉は当てはまるのかな。

博　確かに、研究者の中には、ハマスはレジスタンスをやっている、と言う人もいるくらいだ。

泉　でも、今回の攻撃は無差別で、女性や子どもも殺しているから、レジスタンスではないと思う。

博　他にも非対称的な数字はある。一人当たりのＧＤＰは、２０２１年において、イスラエル７２５万円、パレスチナ48万円であり、15倍ほどの差がある。ちなみに日本は５５７万円であり、イスラエルのほうが経済力は上である。

勝　イスラエルってそんなに金持ちの国だったの、知らなかった。

博　一人当たりの所得は、西岸62万円、ガザ18万円、イスラエル765万円で、ガザとは43倍以上の開きがある。失業率は西岸18パーセント、ガザ42パーセント、イスラエル4パーセントで、1000人当たりの幼児死亡率は、西岸14・6人、ガザ17・1人、イスラエル3・5人となっており、ガザはパレスチナの中でも数字はかなり悪い。

泉　イスラエルとパレスチナは、全く等価なものではなく、特にガザの状況はひどすぎる。しかも、2023年の紛争前でこのような状態なのは驚きだ。

（3）ハマスの攻撃の背景と反応

博　今回のイスラエル・パレスチナ紛争で、2023年11月14日にはガザでの死者が1万人に達し、その半数近くは子どもであった。ウクライナの民間人の死者は開戦後、1年8か月を過ぎて1万人を超えたが、ガザでは1か月余りで同じくらいの人が亡くなったことになる。

泉　ガザがどれほど激しい市街戦をしているのかがわかる。麻酔もなしに子どもの足や腕を廊下で切断していると報道されていた。かわいそうすぎて見ていられなかった。

博　あまり日本では報道されていないが、西岸地区ではイスラエルによるパレスチナ人への強制的追い出しが、今回の戦争開始以後、２０２４年１月の時点で１０００人以上にも上っている。イスラエルの人質約２４０人よりも多い数字だ。

勝　へー、知らなかった。イスラエルからの情報はよく来るけれど、パレスチナ側の情報はあまりない。

泉　確かに。イスラエルから中継をする日本人特派員はいたけど、ガザから中継する日本人はほとんどいなかった。あまりに危険すぎて、行ったらいつ死ぬかわからないからだと思う。

博　どんな問題でも、常に情報リテラシーを考えなくて

廃墟と化したパレスチナのガザ地区（2025.1.23）Hashem Zimmo/The NEWS2 via ZUMA Press Wire/共同通信イメージズ

はならない。基本的に日本に来る情報は欧米、特にG7からの情報が多い。そして、それは世界のスタンダードではなく、世界の三分の一程度の人口規模の情報と意識したほうがいい。

勝　ところで、今回のハマスの攻撃の背景として、どのようなことが考えられるの？　突然、攻撃をしたわけじゃなさそうだ。

博　イスラエルとサウジアラビアの関係正常化への反発が考えられる。2020年に、アブラハム合意がなされ、イスラエルとアラブ首長国連邦およびバーレーンの関係正常化が果たされていた。

泉　イスラームの聖地、マッカ・マディーナを有するサウジまでもがイスラエルと友好関係を結ぶことが許せなかったからだね。

博　イスラエルもサウジもイランを脅威に思っていて、利害が一致したこともあり、関係を正常化しようと思ったのだろう。他のハマスの攻撃要因として、2023年夏にガザでハマスに対する住民デモが起きた。高い失業率やガザ封鎖の閉塞感などがデモの背景にあった。ハマスにはそれらの問題を打開し、ガザ住民の意識を外に向ける狙いもあったのだろう。また、国家同士が関係改善し、パレスチナ問題が忘れ去られる恐怖や、強硬な態度を取ることによりパレスチナ内部での主導権を取る狙いもあった。

勝　今回のイスラエル・パレスチナ紛争への各国の反応はどうなの。

博　もちろん当初は、ハマスに対する非難が強かった。ハマスの攻撃が直接の原因だったことは否定できない。しかしその後の自衛の範囲を大きく逸脱したイスラエルの過剰報復も大きく非難されるようになってきた。

泉　イスラエルへの非難はどのようなものがあるの?

博　国連人権理事会の特別報告者であるフランチェスカ・アルバネーゼは、2023年10月14日に、ナクバが繰り返される危険性があり、イスラエルは自衛の名の下に、民族浄化に相当する行為を正当化しようとしていると声明した。紛争当初、アメリカのバイデン大統領は、大多数のパレスチナ人はハマスと無関係であり、ガザをイスラエルが再び占領するのは大きな間違いであると主張した。中国の王毅外相は、イスラエルの行為は自衛の範囲を超えているとし、エジプトのシシ大統領は、イスラエルは過去にも自衛権を過度に行使してきたと述べた。

勝　バイデンでさえ、そのようなことを言っていたのか。でもガザの停戦決議にはすぐに拒否権を発動したけれど。

泉　ロシアもウクライナ戦争で自分に不利になるようなことに対して拒否権を発動するけど、アメリカもあまり人のことは言えないと思う。

博　トルコのエルドアン大統領はかなり強烈なことを言っていた。イスラエルは戦争犯罪国家であり、ガザで起きていることは大虐殺であり、イスラエルを止められない西側諸国にも責任があり、ハマスはテロ組織ではないと述べた。

泉　確かに、ハマスは軍事部門もあるけれど、福祉・教育部門もあると聞いたことがあり、テ口のみをやる集団ではない。

博　そもそも、ハマスは2006年のパレスチナ議会選挙で74議席も正当に議席を得て、選挙に勝利したれっきとした政党だ。だから「ガザを実効支配するハマス」と言われることは心外かもしれない。

勝　知らなかった。選挙で勝った与党なんだ。勝手に実効支配しているわけではないんだ。

博　今回、イスラエル側においても過激な発言があった。エルサレム問題・遺産相で極右政党に属するエリヤフは、インタビューで「原爆を落とすべきか」と問われて、「一つの選択肢だ」と述べた。また、財務大臣で極右政党党首のスモトリッチは、西岸のある町を消し去るべきだと発言した。

泉　核兵器も選択肢とは、ロシアと似ている発言だ。確かに、公然の秘密だが、イスラエルは核兵器保有国だ。

博　イスラエルは人口1000万人弱の国で、2023年11月の時点で、軍が予備役36万人を動員したので、ハイテク産業では従業員の15パーセントが動員され、経済的にも疲弊している。このまま戦争を続けると、国内にも厭戦《えんせん》気分が生まれるかもしれない。

泉　そうそう、今回のハマスの攻撃を、2001年の9・11事件になぞらえていた人がいた。

博　9・11後、アメリカは長年にわたり「対テロ戦争」を行った。莫大な資金をつぎ込み戦争をした結果、世界が大混乱となり、むしろテロリストを養成するはめとなった。これらの戦争により、経済的にも政治的にも、威信の面でもアメリカは没落した。イスラエルも今後大規模な「対テロ戦争」を行うのであれば、アメリカと同じ失敗をする可能性がある。

泉　ひどい被害を受けたから、何をしても許される、というイスラエルの姿勢はアメリカと重なる。現在、イスラエルは倍返しどころではなく、百倍返しをしているようだ。

博　強い恐怖を与え、刃向かえないようにすることが、イスラエルの抑止力だと勘違いをしている。

勝　このように過度に攻撃をすると、むしろイスラエルは自分で自国の安全を危険にさらしているような気がする。

(4) 多様なアメリカとイスラエル

勝　アメリカはなぜ、それほどまでイスラエルを支援するの？　アメリカの多くはキリスト教徒なのに。

博　アメリカのキリスト教徒の福音派の人びとは、ユダヤ教徒が約束の地に集まり、キリストの再臨が起こると信じている。この人たちは、キリスト教シオニストとも呼ばれ、アメリカ国内に5000万人ほどいる。トランプなどの票田にもなっていて、強くイスラエルを支持している。

泉　アメリカはイスラエルに経済的にも軍事的にも多大な支援をしていると聞いたことがある

けど。

博　アメリカが１９４６年から２０１３年の間に、全世界に拠出した経済・軍事援助のうち、イスラエルへの支援は60パーセントにも達している。

勝　イスラエルは金持ちの国だから、そんなに支援する必要はないはずなのに。

泉　なぜそれほどまで支援するの？　他に理由はあるの？

博　アメリカのイスラエル・ロビーの存在が大きい。政治・経済・メディアへ大きな影響を与えている。前にも言ったけど、ユダヤ教徒は迫害されたので、学問や芸術、金融や商業で身を立て、アメリカで活躍する人は多い。

泉　ハリウッドにも多くのユダヤ人がいるということを聞いたことがある。

博　アメリカのメジャーな映画会社の創業者は、ほとんどがユダヤ人だ。例えばパラマウント映画、20世紀フォックス、ワーナーブラザーズ、ユニバーサル映画、コロンビア映画、MGM（メトロ・ゴールドウィン・メイヤー）などだ。

勝　すごいな、ほとんどそうじゃない。そう言えば、映画監督のスティーブン・スピルバーグや、Facebook、今のMetaの創業者のマーク・ザッカーバーグもユダヤ系だ。すごい影響力がありそうだ。

泉　そうそう、トランプの娘と娘婿もユダヤ人だ。

博　このように、ユダヤ人はアメリカにおいて大きな力を持っているが、実は若い人びとを中心に必ずしもイスラエル支持とは言えないんだ。イスラエルは近年右傾化しており、国際社会の批判にもかかわらず、占領地における入植活動や占領政策を続けている。

泉　特に最近のネタニヤフ政権は史上最右翼政権とも言われている。

博　一方、アメリカのユダヤ人は自分たちがマイノリティであるだけに、多元主義や少数派の権利尊重などリベラルな価値を重視している。だから、アメリカにおいてもイスラエル偏重政策は、アメリカの国益に沿わないと考える人も増えている。

勝　ところで、イスラエル自身はどうなの。みんながみんな、右派を支持しているわけではないのかな。

博　宗教者からの批判がある。シオニズムとはパレスチナにユダヤ民族国家を作ろうという近代の世俗的運動だが、国家を人間が人為的に作ってはだめで、神への裏切りであると考える人たちがいる。

泉　人間が国家を作るのは神への冒瀆と考えるのね。

博　また、最も戒律を厳格に守る超正統派の人びとは、イスラエル建国にあたり、聖書の「汝、殺すなかれ、盗むなかれ」に違反していると主張し、イスラエルをパレスチナに返還すべきだと主張する者もいる。

勝　へー、それはすごいな。イスラエルの中では、それはある意味過激な意見だな。

博　ユダヤ思想が専門のイェシャヤフ・レイボヴィッツは、ユダヤ教をナショナリズムの目的に合わせて道具化することに反対している。またイスラエルの中には、自分たちがシオニズムによって、いつ終わるかわからない戦争状態に投げ込まれているとの感情も広がっている。さらにユダヤ人は、神の摂理ではなく、武器の力を信じているとの言説も存在する。

泉　案外イスラエルも多様なのね。ただ今回のイスラエル・パレスチナ紛争で、多様性が失われ、パレスチナと戦うことを主張する右派が強くなるかもしれない。

博　確かに、その可能性はある。宗教的価値観を強調する極右勢力がさらに台頭するかもしれない。

「嘆きの壁」に祈りを捧げるユダヤ教徒たち /PIXTA

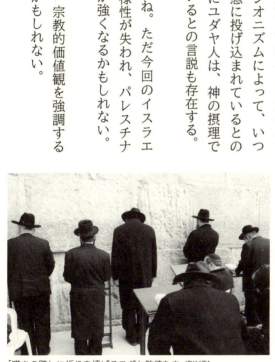

泉　宗教を強調する勢力に、自国のイスラエルを批判する左派と、パレスチナに強く敵対する右派が存在するのか。

博　近年、イスラエルは国家像を巡って、さまざまな分裂状況にある。最も深刻な分裂は、イスラエル国籍の中のユダヤ市民とアラブ市民の間の大きな格差による民族的な対立だ。第二は、ユダヤ人の中での、イスラエルを世俗的なユダヤ民族国家とするか、ユダヤ教国家にするかという、政教分離の原則に関わる対立だ。第三は、ユダヤ人の出身地域による文化的差異であり、出身別あるいは新たな移民集団の登場に伴うエスニックなレベルでの対立だ。

泉　いずれにしても、とにかく早く停戦してほしい。命を落とすのは双方ともに弱い民間人や子ども・老人だ。

博　そうだ。もうこれ以上のホロコーストもナクバも必要はない。中東では、いつでも戦争が行われていると思われがちだが、そうではない。うまい共存方法があれば、異教徒・異民族でも仲良く暮らせる。そのような過去の歴史を学ぶ必要がある。

コラム 8

イスラエルを批判するユダヤ人

2024年現在のネタニヤフ首相率いるリクードの母体であった極右武装集団イルグンは、1948年にデイル・ヤースィーン村虐殺事件を起こし、パレスチナ人を約120人虐殺した。

その時、ユダヤ人で科学者のアルベルト・アインシュタインは、この組織をファシストと形容し、ナチス・ドイツがユダヤ人に対して行ったのと同様な行為をしたと非難した。彼のユダヤ人国家に対する当初の考えは、アラブ人と共存し、国境や軍隊を持たず、ユダヤ人の文化や科学を研究する中心になるのならば支持するというものだった。また、軍事力を行使することは、かえってユダヤ人の存在を危うくするとも考えていた。

ユダヤ人の哲学者ノーム・チョムスキーは、2018年のインタビューで、イスラエルで「ユダヤ・ナチ的傾向」が強まっていると発言した。また、イスラエルはリベラルな市民の支持を失い、欧米の最も反動的な勢力や原理主義的な福音派の運動と手を結ぶようになったと主張した。

ユダヤ人で女優のナタリー・ポートマンは、2018年にイスラエルのジェネシス賞の受賞を辞退した。イスラエル軍が非武装のパレスチナ人に発砲したことに対する抗議の意思と言われている。彼女は、ネタニヤフ首相を批判し続けており、彼の人種主義的発言にはぞっとするとも語っている。

映画「スターウォーズ」にも出演したナタリー・ポートマン　LUCAS FILM/JAK PRODUCTIONS/Album/共同通信イメージズ

7　ウクライナ戦争

（1）NATOの東方拡大

勝　2024年現在、ウクライナでも戦争が終わる気配はないね。2022年2月24日にロシアがウクライナに侵攻したけれど、これもガザと同じく、突然起きたわけではないのかな。

博　当然、歴史的背景はある。一番大きなものは、NATOの東方拡大だ。

勝　NATOって、北大西洋条約機構で、西側の軍事同盟だね。

泉　東側、社会主義の側の軍事同盟であるワルシャワ条約機構は1991年に無くなったのに、西側のものは未だに存在している。

博　そのあたりが大きな問題になる。1990年2月にアメリカのベーカー国務長官は、ソ連のゴルバチョフ書記長に、東西ドイツの統一をソ連が許容するならば、NATO軍は1インチたりとも東に拡大しないと述べた。

泉　そんなことを言ったの？　現実は東に拡大している。

博　NATOへの加盟は、東欧のポーランド、チェコ、ハンガリーは1999年に、スロヴェニア、ルーマニア、ブルガリアは2004年に、旧ソ連邦だったバルト三国も2004年に実現した。

勝　バルト三国は旧ソ連邦だったので、ロシアと同じ国だったということか。同じ国だった地域が敵の軍事同盟に入ったということか。それは脅威に思うな。

博　バルト三国の時は、ロシアは反対しなかったが、ウクライナは国力や歴史や文化背景が異なり、重みが違うので、ロシアは強く反対している。

泉　このたとえは正しいかわからないけど、アメリカの隣国のカナダが敵の軍事同盟に入るってことかな？

勝　でも、カナダとアメリカは、もともと同じ国ではないので、ロシアのほうが脅威という点では、強いと思う。以前は自分の国の一部だったから。

博　そのたとえは適切かわからないけれど、1962年のキューバ危機が比較の対象になるかもしれない。海を隔てているが、キューバにソ連のミサイル基地が建設され、米ソが非常に緊張し、核戦争寸前まで行った。アメリカにとって、どれほど深刻な脅威だったかがわかる。

泉　海を隔てても大きな脅威なのに、ロシアとウクライナは地続きだから、さらに深刻かも。

博　だからと言って、ロシアの軍事侵攻は認められるものではなく、明らかな国際法違反だ。もっと違った形で、解決できたと思う。そうするのが政治や外交だ。戦争になるということは、どのような場合でも、政治の失敗で、両国の政治家は全員失格だ。

勝　ウクライナの近年の歴史も教えて。

博　1990年10月にドイツが統一し、1991年8月にウクライナが独立し、12月にはソ連邦が崩壊した。この頃は、ウクライナはロシアと欧米の間で非同盟の道を模索していた。しかし、先ほど言ったように、だんだんと東欧地域がNATOに加盟するようになった。

泉　西側の市場経済、資本主義、NATO化がじわじわ広がっていくのね。

博　ウクライナでは、2004年11月に大統領選挙が行われ、親露派のヤヌコーヴィッチと親欧米派のユーシェンコが争い、ヤヌコーヴィッチが当選した。だが「不正」があったとされ、再投票の結果、ユーシェンコが当選した。

泉　それはオレンジ革命だ。聞いたことがある。

博　その少し前の2004年5月にはブッシュ（父）前アメリカ大統領がウクライナを訪問するなど、かなりの介入があったようだ。ユーシェンコはそれまでの非同盟の方針を放棄し、NATO加盟に積極姿勢を示すようになった。

勝　その頃のウクライナの民衆もかなり欧米寄りだったのかな。

博　それがそうでもないんだ。もっと後の2013年のギャラップ社の世論調査でさえ、ソビエト体制ないしはそれに近い民主体制の支持者は、クリミアを含む東部では57パーセント、中部では51パーセント、西部では23パーセントであり、ウクライナ全体では48パーセントだ。逆に西欧的な民主体制をよしとするものは、東部では15パーセント、中部で30パーセント、西部で57パーセント、全国では28パーセントだ。

勝　数字的には、むしろ東寄りだな。

博　また、同年のレイティング社の調査では、EU加盟賛成は52パーセント、反対34パーセント、NATO加盟賛成19パーセント、反対64パーセントであった。

泉　面白いね。政治・経済同盟のＥＵ加盟には賛成の人が多く、軍事同盟のＮＡＴＯ加盟には反対の人が多い。民主化をして豊かになりたいが、軍事同盟に入るのは躊躇しているのかな。

（２）近年のウクライナとゼレンスキーの登場

博　２０１０年から親露派のヤヌコーヴィッチが大統領になり、再び非同盟政策を掲げ、ＥＵ加盟には消極的だった。しかし、大きな転機を迎えたのが、２０１３年11月21日からのマイダン（独立広場）革命だ。ヤヌコーヴィッチがＥＵ連合協定への署名を拒否したことに抗議するデモが、キーウのマイダンで起こった。

泉　そのデモに参加する人は、やはり親欧米派でウクライナ西部の人たちが多かったの？

博　そうだ。このような西部勢力と反ソ民族主義者らがアメリカの支援の下、結集した。２０１４年2月22日にヤヌコーヴィッチ大統領は、憲法に基づくことなく追放され、ロシアに避難した。その後、5月に大統領選が行われ、ポロシェンコが大統領になった。

勝　2004年のオレンジ革命の時もそうだったけど、またアメリカは関与したの？

博　当時のバイデン副大統領は2014年4月にキーウに入り、議会で演説をし、さらにウクライナ政府の人事にまで関与したと言われている。2015年2月には、オバマ大統領がCNNのインタビューで、ヤヌコーヴィッチ政権転覆のために、アメリカが大いに介入したと発言した。

泉　その後どうなったの。対立が激化しそうね。

博　2014年2月23日に、ウクライナ語と並んでロシア語を公用語とする言語法を廃止し、ウクライナ語のみを公用語とした。これに対して、ロシア語話者の不満が爆発し、暴動が起きた。その後、4月にはロシア語話者が多いウクライナ東部のドンバス地域（ドネツク州とルハンスク州）が「独立」を宣言した。2014年3月16日には、クリミアで住民投票が行われ、ロシアへの「併合」が支持された。

泉　その後、ウクライナ東部では、戦闘が激化した。

博　このクリミア「併合」は国際法上認められないとして、ウクライナと欧米はロシアを非難し、経済制裁を行った。ロシアは先進国首脳会議への参加を拒否され、孤立が深まっていった。

勝　ただ、諸外国を含めて休戦の動きもあったんでしょ。

博　諸外国の仲裁で休戦の試みがなされ、2014年9月には、ミンスク合意Ⅰがなった。内容は東部における即時停戦と重火器の撤去、ドンバス地方に期限付きで自治権を与えることだ。しかし、結果的に和平は実現できなかった。

勝　そろそろ、ゼレンスキーの登場でしょ。

博　2019年に大統領に就任したゼレンスキーは、当初は対露協調を掲げて、ウクライナ東部と西部双方から支持を受けていた。彼は、プーチンとも連絡を取って、東部での停戦を模索した。

泉　ゼレンスキーは元お笑い芸人だったんでしょ。

博　そうだ。彼はコメディアンで、テレビの「国民の僕《しもべ》」で国民的スターになった。このドラマで高校教師役だったが、政治家の汚職を糾弾する教え子の動画が拡散し、ついにはドラマの中で大統領になった。その後、この作品と同じ名前の政党を立ち上げ、実際に大統領になってしまった。

勝　ドラマと同じで、大統領になったのか。でも政治経験は、無いということでしょ。

国家勲章の式典で演説するロシアのプーチン大統領（2024.12.12）Sputnik/ 共同通信イメージズ

ポーランド訪問で記者会見するウクライナのゼレンスキー大統領（2025.1.15）Foto Olimpik/ NurPhoto/ 共同通信イメージズ

博　彼は、ありふれたソビエトのユダヤ人の家庭で育ったと言っていた。しかもロシア語話者でもある。

勝　えっ！　ウクライナの大統領の母語がロシア語なの？　敵の言語じゃないの。

博　ユダヤ人で、ロシア語話者で、お笑い芸人というかなり異色だ。ただ東欧や中東地域は、宗教・民族ともに、モザイク状況で、さまざまな人々がいるということは、それほど珍しいことではない。

泉　このあたりの地域は、昔から多民族・多宗教の地域で、単一性は薄いので、均質な国民国家形成は難しいのね。

博　だから、オスマン、ハプスブルク・ロシア帝国が存在した地域では、緩やかな境界概念のもとでさまざまな民族・宗教が共存してきた。

勝　ところで、ゼレンスキーは次第に西欧寄りになっていったの？

博　彼の一連の対露和平交渉を「裏切り」とする親NATO勢力や右翼などが圧力をかけるようになり、支持率も30パーセント台まで低下したので、対露強硬路線、NATO・EU加盟路線へと転換した。

泉　だんだん戦闘が激化していくようになったんでしょ。

博　2022年2月16日には激しくなり、プーチンは選択を迫られた。ドンバスのロシア語話者たちを軍事的に助け、国際的な非難を浴びるか。あるいは、傍観して彼らが粉砕されるのを見ているかである。プーチンは前者を採り、2月24日にウクライナに侵攻して、国際法違反として大きな非難を受けるようになった。

(3) ダブルスタンダード（二重基準）としてのウクライナ戦争

勝　ウクライナ戦争開始から、「武力による現状変更は認められない」との言葉をよく聞くよ

コラム 9

モザイク状況の東欧と中東

歴史的に、東欧や中東地域は、民族や宗教がモザイク状況であり、それらを柔らかに包み込んだ大帝国が存在していた。このような地域に、西欧起源の均質な国民国家を建設することは困難であり、それゆえ、現在さまざまな民族・領土・宗教問題が噴出している。

宗教もキリスト教の正教、カトリック、プロテスタントが混在し、さらにイスラームやユダヤ教も多い。民族もスラブ、ゲルマン、アラブ、トルコ、ペルシア、クルド、ユダヤなど非常に多様である。

しかし、過去を見れば、このような多様な人びとが一定の共存を保ってきた。この地域は、「宗教の博物館」と言われ、西欧ではかなり昔から、異端の烙印を押されたさまざまな宗教諸派が現在でも存在している。つまり、西欧とは異なり、宗教の多様性がある程度認められていたと言える。

宗教や民族にとらわれず人材を登用したり、他宗教の自治を認めたりしていた。このようなことであれば、宗教や民族を人びとはあまり意識しなくなる。いわんやそれが理由で戦争などはあまり起こらないのである。過去に存在した差異を意識化させない緩やかな共存様式をもう一度、見直す必要がある。

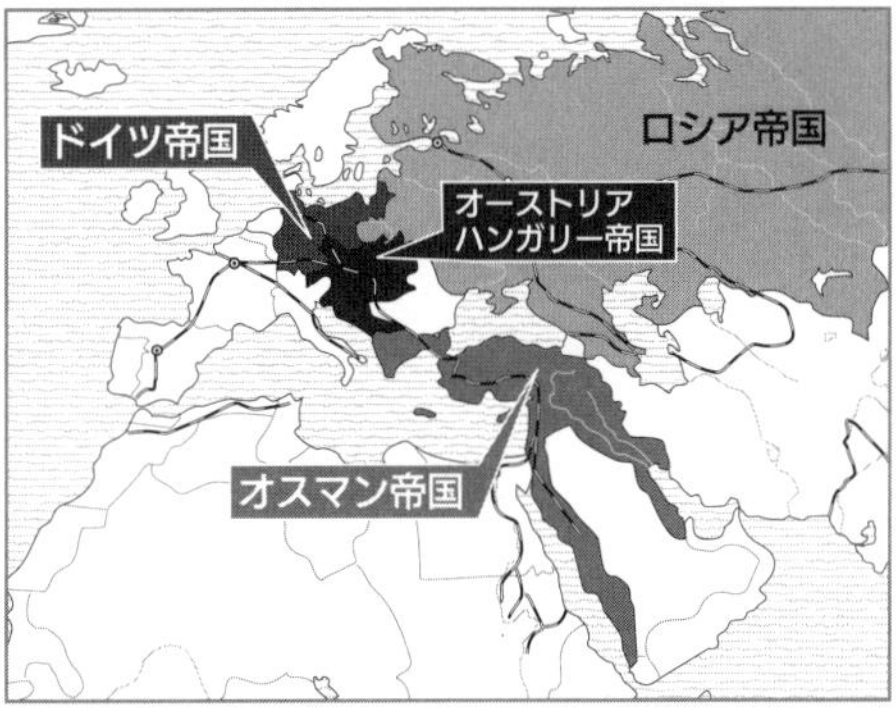

19 世紀後半の欧州。出典：『ニューステージ　世界史詳覧』浜島書店、2022 年

うになった。

博　この言葉はそのとおりで、人類の不戦の誓いでもある。だからこそ、ロシアの行為は強く非難されるべきだ。

泉　でも、本当にすべての戦争にこの言葉が適用されていたのかな？　米英等がイラク戦争やアフガニスタン戦争に踏み切る時に、この言葉は使われなかった。むしろ、民主のため、大量破壊兵器のために、と言って現状変更の戦いを自ら始めた。

博　そのとおり。多くのイスラーム圏やグローバルサウスの人びとは、そのようなダブルスタンダードに怒っている。現状変更の可否や武力行使は、西側の大国が恣意的に決めていたように見られている。

勝　確かにそのとおりだ。自分たちはさんざん、武力行使をして現状変更したが、今回のロシアは認められない、というのはおかしい。ただ今回は、国家が国家に地上軍を使い、かつヨーロッパで侵攻したので、そのように言われたのかもしれない。

泉　でも中東ではよくて、ヨーロッパではだめというのもおかしい。

博　今回のウクライナ戦争は、２００８年のコソボ独立と少し似ているかもしれない。セルビアの自治州だったコソボは独立を試み、冷戦崩壊後、ＮＡＴＯによる国連承認なしの初めての空爆をセルビアへ行った。攻守は今回とは逆で、西側が攻撃しコソボを支援した。今回はロシアが攻撃しドンバス地域を支援した。

勝　なるほど。そういうことがあったのか。ウクライナ戦争とは逆だけどね。

博　ただ違いもあり、コソボは２０１０年に国際司法裁判所が独立を認めた。主権国家内で分離派が独立を望み、それを支援するため武力を行使し、大国や国際機関が認めた場合、既存の国家から独立するのは、合法と判断する事例が生まれた。

勝　じゃあ、武力による現状変更が認められる場合もあったということか。

博　難民の扱いもかなり異なっている。カナダは、2021年8月中旬、アフガニスタン難民の受け入れを発表したが、上限を2万人としていた。だが今回のウクライナ難民は無制限とした。

泉　すべての難民は、みな非常に困難な状況にあるので、平等にしてほしい。今回のウクライナ難民の基準と同じように他の難民も扱ってほしい。

博　明らかな差別的発言も見られた。CBSニュースの特派員は、2022年2月25日に、ウクライナは、イラクやアフガニスタンのように数十年も紛争が続いている場所とは異なり比較的文明化しており、ヨーロッパのような都市です。今回のようなことが起こるとは予想もできなかった場所です、と述べた。

泉　確かに、それまでヨーロッパでは紛争は少なかったので、今回の戦争はインパクトが強かった。ナチスの侵攻以来などと言われた。現在でも、地球上には多くの紛争があるのに、それはほとんど報道されない。

博　元欧州議会議員のダニエル・ハナンは、ウクライナの人びとは私たちにそっくりであり、だからこそ衝撃は大きいのです、と述べた。さらに、ブルガリアのペトコフ首相は、ウクライナの人びとは、私たちがこれまでに見てきた難民とは違います。彼らはヨーロッパ人です。知的で教養のある人びとです。彼らは素状も過去もわからない、テロリストである可能性がある人たちとは違うのです、と語った。

勝　ひどいね。ヨーロッパ中心主義を感じる。中東の人びとやイスラーム教徒は、知的でなく、素性もわからないテロリストだと言わんばかりだ。

博　ウクライナのEU加盟問題も取りざたされているが、トルコは1959年にEEC（欧州経済共同体）により準加盟申請が受理されたが、65年以上たっても、EUへの加盟を拒否されている。イスラーム教徒であるから拒否されていると多くのトルコ人は感じている。トルコはNATO加盟国であり、冷戦中は西側の最前線で東側に対峙していたのに、拒否されている。敵である社会主義の側だったウクライナが加盟の可能性があり、自分たちは受け入れてくれないと諦めている。

泉　なんか、それも差別やダブルスタンダードを感じる。特に当事者は強く感じるでしょうね。

博　最も大きなダブルスタンダードは、イスラエルの国際法無視や不法占領を認めながら、ロシアの侵攻は強く非難するアメリカの姿勢だ。これに多くのイスラーム教徒やグローバルサウスの人びとは異議申し立てをしている。

（4）グローバルサウスからの見方とトルコ外交

博　イスラーム諸国のみならず、グローバルサウスや新興国は、ロシアのウクライナへの侵攻を非難はするが、制裁には加わらない場合が多い。２０２２年3月2日の国連総会緊急特別会合での対ロシア非難決議は反対５か国、棄権35か国、無投票12か国であり、賛成は１４１か国だった。つまり戦争当初の非難決議でさえも、賛成しない国は、合計52か国もあった。

勝　日本にいると、西側やＧ７からの情報ばかりだけど、世界的に見るとロシアへの非難のみではないんだ。

博　国連の人権理事会からロシアを追放する２０２２年４月７日の国連決議では、棄権・反対・無投票が１００か国であり、賛成93か国を上回ったのである。

泉　賛成のほうが少ないの？　おかしいんじゃないの。

博　日本にいるとそう感じるが、それはグローバルスタンダードではない。ロシアを非難する西側の国と、インドやブラジルなどの中立を決める国と、中国やイランなどロシアを理解する国の人口比率は大体三分の一ずつだ。

勝　でも何でそうなの？

博　理由はさまざまだ。冷戦中にソ連に助けてもらった。西側の価値観にくみせず、西側のダブルスタンダードに嫌悪を抱いている。新自由主義による貧困・格差に反対する。アメリカの国力が衰退する中、ロシア・中国・インドなど将来性のある国との関係を構築しておきたい、などだ。

勝　別にヒューマニズムではなく、利害で動いているということか。ただ、先進国の人道や民主といった理念も自己中心的で恣意的で怪しいしな。

博　中東の親米とされているトルコ、サウジアラビア、アラブ首長国連邦などの国々でさえ、西側に全面的にくみすることを避け、いわば「親米中立」を貫いている。トルコにおける2022年3月のメトロポール社による調査では、「ウクライナ危機の責任は誰がとるべきか」との質問に対して、米国・NATO 48・3パーセント、ロシア33・7パーセント、ウクライナ 7・5パーセントとなっており、NATO加盟国のトルコですら、西側とは異なる見解となっている。

泉　それもびっくり。戦争直後の調査で、責任があるのは、米国・NATOが一番とは。世界は広い、私たちの常識とはかなり違うね。

勝　ところで、トルコはいろいろな仲介の労をとっているよね。

博　トルコもウクライナもロシアも、いずれも黒海沿岸の地域大国であり、関係も深く、地域が不安定になるのは避けたいと思っている。トルコとロシアは、シリアやリビアでの利害対立があっても、エネルギー、安全保障、貿易、観光などの経済分野の二国間関係は密接だ。

泉　でも、トルコはロシアを非難し、ウクライナにドローンを提供している。

博　ウクライナの領土の一体性、主権維持を支持し、モントルー条約を適用し、イスタンブルの海峡をロシアの戦艦等が通過できないようにもした。このようにトルコは地政学的にも経済的にもロシア・ウクライナ両国と深い関係を持ちつつ、うまくバランスをとっている。

泉　トルコ、ウクライナ、ロシアは黒海沿岸の隣国で結びつきも強いんだ。

博　2022年3月10日にトルコにおいて、ロシア、ウクライナ、トルコの外相会談を行い、7月にトルコと国連の仲介で、ウクライナ産の穀物を黒海から輸出させる「穀物回廊」実施の合意が成立した。

勝　ゼレンスキーともプーチンとも会っている指導者はトルコのエルドアン大統領以外にいないんじゃないかな。それにウクライナ・ロシアの両外相を同じテーブルに座らせることができたのも、トルコならではと言えるかも。

博　さらに重要な停戦協議が2022年3月29日にはイスタンブルで行われ、エルドアンが次のような6項目の提案をし、ロシアもウクライナも一定程度認めた。

泉　どのようなものなの。

博　①ウクライナの中立化、②非武装化、③非ナチ化、④ロシア語の使用制限の解除、⑤ドンバス地方の帰属は別途協議、⑥クリミア半島の帰属は15年かけて別途協議とした。このように、ロシア軍の2月24日ラインまでの撤退とクリミアとドンバス地域については別途協議

米ワシントンD.C.で行われたNATO首脳会議で記者会見するトルコ共和国のエルドアン大統領（2024.7.11）Bryan Olin Dozier/NurPhoto/共同通信イメージズ

をするということに、両者はほぼ同意していた。しかし4月4日にブチャでの民間人殺害が報道されると、ウクライナが次第に強硬な態度をとるようになり、停戦まで行かなかった。

勝　でも、まだこの協議は生きているとどこかに書いてあった。

博　そうだ。落としどころとしては、なかなか良いものだ。少しでも早く停戦し、難しい条件は別途協議で、とりあえず撃ち方やめにする。

泉　それが両国や両指導者にとってもメリットがある。

博　2024年2月に放送されたアメリカのジャーナリストと初のインタビューに応じたプーチンは、このイスタンブルの停戦協議に立ち返ることを述べた。

泉　少しは光明がある。一刻も早い停戦が必要だ。朝鮮戦争と同じで、平和条約は難しいかもしれないが、停戦はできるかもしれない。

（5）ウクライナ戦争の要因

博　国際政治学者の南塚信吾は、アメリカとＮＡＴＯの努力により、ミンスク合意などを実行し、ウクライナが軍事同盟のＮＡＴＯには加盟せず、政治的中立と経済的にはＥＵ加盟などで、戦争は避けられた可能性があると主張している。

泉　確かに、軍事同盟にはくみせず、経済同盟だけだと、ロシアをそれほど刺激しなかったかもしれない。

博　また南塚によると、ウクライナは、事実上アメリカとＮＡＴＯに翻弄されたとしている。ウクライナ戦争は、１９８０年代からの新自由主義が世界的に席捲するひとつの局面と言える。２０００年代に入ると、東欧諸国はアメリカ流の民主化や市場経済化さらにはＮＡＴＯの軍事化を受け入れた。

勝　大きな歴史の流れからするとそうなるのか。プーチンはそれをアメリカによる「内政干渉」と捉えたのかもしれない。

泉　全然、内政ではないけれど。以前は同じ国や同盟の仲間だったけれど、今は違う国だから、どのような方向に進もうとその国の自由だと思う。

博　そのあたりがプーチンの大国主義的傲慢かもしれない。彼は、家族や国家などの伝統的価値観に基づいて「大国ロシア」の再建を目指す保守的大ロシア主義者だ。その立場からすると、ロシアと民族的な起源を「共有」し、ソ連の一部であったウクライナが西側に傾斜するのは許せなかったのだろう。

泉　でも当然、ロシアの対応も間違っており、新自由主義に対抗するやり方は軍事面のみではないと思う。また、それに対抗する国々は世界に多く存在し、それらと連帯し、平和的に問題を解決できたはず。

博　確かにそうだ。プーチンのやったことは容認できないし、自国のロシアの威信も軍事力も経済力も衰退させることにもなった。今までの多くの大国と同じで、戦争で覇権から脱落することになると思う。

勝　アメリカもベトナム戦争やイラク戦争で衰退したし、ソ連も1979年のアフガニスタン戦争がソ連邦崩壊の遠因となった。

博　国際政治学者の油井大三郎は、ウクライナ戦争の要因を三つ挙げている。第一に、ソ連解体後のロシアでは民主的改革が挫折し、大ロシア主義を提唱する権威主義的な政権ゆえに、旧ソ連地域への干渉戦争に踏み切った。

泉　プーチンの強権的政策や大ロシア主義がやはり一番の原因か。

博　第二に、冷戦終結後もアメリカがNATOの東方拡大を推進し、ロシアを国際的な孤立に追い込んだことだ。

勝　これも今まで指摘していた東方拡大の問題だ。

博　第三に、ロシア系住民はロシア以外では少数派となっていたが、この少数民族問題の解決の遅れが原因となった。

泉　確かに、ロシア以外にもロシア人は少数派としてさまざまな地域に暮らしていて、ロシア中心主義を抱いている人もいるだろうから、自分たちのほうが上だと、上から目線の人もいるだろう。

博　日本ではあまり紹介されていない他の人の論もここで紹介したい。アメリカの国際政治学者のジョン・ミアシャイマーは、ウクライナを西側に引き入れようと推進し続けた結果が、ロシアをウクライナ侵攻へと追い込んだのであり、米国がロシアに近接するウクライナでやってきたことは、ソ連がキューバでやったことと同じだとした。さらにロシアのような大量の核兵器を保有する大国を追い詰めるのは、きわめて愚かな行為であると述べた。

泉　西側も悪いという考えね。

博　日本ではあまり聞かれないから、あえてここで言っておきたい。アメリカの国務長官であったヘンリー・キッシンジャーも、2015年においてEUやNATOの東方拡大を批判した。政治学者のズビグネフ・ブレジンスキーは2014年にウクライナを、民主制や資本制を維持しつつソ連には反抗しないという「フィンランド化」するのがヨーロッパの安定にとって良いと発言した。

勝　アメリカの学者や政治家ですら、かなり強烈なことを言っていたね。現実を知り尽くしているので、そのような主張が生まれるのかもしれない。そのあたり、さまざまな議論が戦わされるのがアメリカのいいところかもしれない。日本はすぐ単純化された一枚岩の主張ばかりになる。

博　ロシアの行為は明らかな国際法違反であり、強く非難されるべきだ。しかし、歴史的経緯を考察することも重要であり、多様な要因を分析する必要がある。また、ウクライナ側の情報は大量に日本に入ってくるが、ロシアの側からも見ないと正しいメディアリテラシーとはならない。すべての情報を吟味し、最終的には自分の価値観、歴史観で、評価することが重要だ。

コラム 10

戦争プロパガンダ

政治家らのプロパガンダにより、戦争へと民衆を駆り立てる方法を、イギリスの外交官で政治家であるポンソンビーは、戦争プロパガンダの10の法則とした。彼による第一次大戦中の考察を、歴史学者のアンヌ・モレリが、戦争へと駆り立てるプロパガンダとして、つぎのようにまとめた。

①われわれは戦争をしたくない。②しかし敵側が一方的に戦争を望んだ。③敵のリーダーは悪魔のような人間だ。④われわれは領土や覇権のためではなく、偉大な使命のために戦う。⑤われわれも意図せざる犠牲を出すことがある。だが敵はわざと残虐行為に及んでいる。⑥敵は卑劣な兵器や戦略を用いている。⑦われわれの受けた被害は小さく、敵に与えた被害は甚大だ。⑧芸術家も知識人も正義の戦いを支持している。⑨われわれの大義は神聖なものである。⑩この正義に疑問を投げかける者は裏切り者である。

これらの手法は、政治家や軍人たちが、民衆を戦争へと駆り立てる常套手段として使われたし、現在でも多用されている。政治家自身の支持率を高め、民衆の関心を外に向けさせ、内部の矛盾や問題点を隠蔽し、外との戦いをあえて政治家が演出することもよくあるのである。

聴衆を煽る政治家 /PIXTA

8　イスラームと仏教の平和と共存

（1）イスラームの寛容性とジハード概念

博　ここでは、まもなく世界最大の宗教集団になるイスラームと日本人にはなじみの深い仏教の平和と共存について、語っていこう。イスラームと仏教は、深い関係には歴史的に無かったが、今後世界の平和を論じる際に重要になっていく。また、イスラームと仏教の衝突として、現在ミャンマーでのロヒンギャ問題などが見られる。

勝　ロヒンギャ問題って何？

博　ミャンマーのイスラーム教徒であるロヒンギャの人びとが、弾圧を受け紛争となり、バングラデシュなどで難民となっている問題だ。ミャンマーは仏教徒が多い国なので、宗教対立としても報道されている。

泉　イスラームと仏教の対立もあるんだ。どちらも比較的寛容だと思っていたけれど。

博　それでは、『きちんと知ろうイスラーム』で説明したけれど、ここで簡単にイスラームの寛容性や共存について、おさらいしておこう。

泉　イスラームが比較的寛容な要因として、三つあったのを覚えている。商業志向と多様な預言者を認めるのと、移動の民だからだったと思う。

博　そのとおり。商業が発達した中東地域では、商業をするためには他者の存在が前提となる。

勝　戦争をして殺してしまったら、商売などできなくなる。自分の商品を買ってくれる他者は大事だから、他者の存在が前提となるんだ。

博　二点目は多元的な預言者を認める共存様式で、三点目は排他的な線引きをしない移動の民のメンタリティがあったから、寛容になれたんだ。

泉　イスラーム教徒でありながら、自分の子どもにイエスとかモーセとか名付ける人もいた。ユダヤ・キリスト・イスラームはきょうだいの宗教だったので一定の共存を保っていた。

勝　三点目も覚えている。商業や巡礼、遊牧などを行うことが多く、このような人びとは国境線の意識が薄い。境界線があったら、商業や遊牧などはできない。

泉　他者が自文化に入ってくることを拒まないかわりに、自分も移動先で安全が保障されることを望む。それは、寛容になれそうね。

博　ただ、イスラームは、絶対的に寛容ではなく、また絶対平和主義の宗教でもない。自分たちの宗教共同体であるウンマを暴力的に壊しに来る相手に対して、成年男子は戦わなくてはならない。

泉　そうだった。でもジハード＝聖戦ではなかったでしょ。

博　ジハードは努力するという意味だ。朝眠たいけど起きてお祈りをするのもジハード、友人にイスラームの素晴らしさを語って聞かせるのもジハードだ。

勝　ジハードは幅広い意味なんだ。でも聖戦もジハードの中に入っているんだよね。

博　自己との戦いが大ジハード、他者との戦いが小ジハードと言われている。だから聖戦とは小ジハードかつ手段として武器を用いた戦いのことだ。

(2) オスマン帝国の共存様式

泉　そうそう、オスマン帝国の共存様式も学んだね。日本史で言えば鎌倉時代から大正時代まで続いた最後のイスラーム帝国だった。

博　600年以上にわたって大帝国が維持できたのは理由がある。うまい共存志向が無ければ、不満がたまって反乱が起こり、早々に帝国は崩壊しただろう。共存志向として、特定の人びとに偏らない実力登用主義、他宗教に自治を一定程度認める制度、さまざまな要素を包含したオスマン的ユニバーサリズムなどがあった。これらは現在でも戦争から共存へと転換するための重要な視点を投げかけている。

勝　デビシルメ制を思い出した。キリスト教徒の子弟をイスラームに改宗させて、教育を施し、官僚や軍人に取り立てるシステムだ。

博　なかには、スルタンに次ぐ大宰相にまでなった例もある。ヨーロッパから来た貴族は、羊飼いの息子が大宰相になっているのを驚き、次のように、手記に書き残している。このような宗教や民族にとらわれないうまい人材登用システムにより、大帝国が長期間維持できた、と。

泉　貴族制のヨーロッパではありえないかも。現在も階級の固定化が日本や世界で進んでいるので、参考になる。

勝　日本の国会は世襲が多く、国権の最高機関が、人材登用できていないので、日本が傾くのがわかる気がする。

博　オスマン帝国も次第に世襲化しだして、お父さんが偉ければ、ドラ息子も枢要な地位に就くことができるようになり、帝国は傾き始めた。

泉　そうそう確か、スルタンですらトルコ人ではなかったんでしょ。

博　そもそも、オスマン帝国には民族概念があまりなかった。せいぜい何語を話しているかということぐらいだ。ちなみに、三代目と四代目のスルタンの母親は元キリスト教徒のギリシア人だった。15、16世紀の頃の大宰相も元キリスト教徒のギリシア人やセルビア人が多かった。

勝　ユダヤ・キリスト・イスラームは同じ一神教できょうだいの宗教だから、一定の共存を保っていたんだよね。

博　そうだ。人頭税を払えば、宗教的自治が一定程度認められた。ただ平等ではなかった。教会などは新築してはいけないとか、鐘を大きく鳴らしてはいけないとか、馬に乗ってはいけないとか、いろいろな決まりがあった。

泉　でも確か、兵役はなかったんじゃないの？

博　だから、イスラーム教徒は、兵役がつらいので、私たちも人頭税を払うから兵役を無くしてくれと訴える人もいたくらいだ。そういうことだから、それほど不平等ではなかったかもしれない。それを象徴するのが、首都であるイスタンブル。半分はイスラーム教徒だが、半分は非イスラーム教徒だった。これも共存を示すものだと思う。

勝　そんな帝国、世界にあるかな？　日本でも奈良や京都で、半分は日本人だが、半分は非日本人などありえないよ。

博　イスタンブルは、以前の名前はビザンチウム、次はコンスタンティノープル、昔から世界の中心地のひとつだった。「すべての道はローマに通ずる」という言葉があるが、「すべての道はイスタンブルに通ずる」と言ってもいいと思う。

勝　なんで？　ローマが世界の中心で、イスタンブルはそうでもないんじゃないの。

博　多分、それも西洋中心主義史観から来たものだ。ローマが中心の西ローマ帝国は5世紀に滅亡するが、コンスタンティノープルが中心の東ローマ帝国は15世紀まで続いた。オスマン帝国のメフメト二世が1453年にコンスタンティノープルを攻略するまで存在した。

泉　東のほうが1000年も長く続いたの。東ローマのほうがローマとして1000年も長く君臨したことになる。じゃあ、「すべての道はイスタンブルに通ずる」と言ってもいいかもしれない。

博　オスマン帝国のスルタンは、預言者の代理人であるカリフと、中央アジアの王であるハン（汗）とローマの皇帝意識もあった。

勝　スルタンは、カリフ、ハン、ローマの皇帝でもあったのか。

博　オスマン史家のイルベール・オルタイルは、パックス・オトマニカ（オスマンの平和）はパックス・ロマーナ（ローマの平和）の最後のモデルであり、オスマン帝国は第三のローマだとしている。ここに、コスモポリタンな帝国として、オスマン的ユニバーサリズムを作り出したんだ。

（3）イスラームの共存と新しい解釈

勝　イスラームは確かに比較的寛容で共存志向があることはわかったけれど、現実にはテロや戦争が多いのも事実だと思う。

泉　イスラーム教徒から他宗教に改宗する棄教問題もあったね。イスラームを捨てると殺される場合もあると聞いたことがある。

博　そういう場合もある。イスラームは単なる個人の内面の宗教ではなく、社会性を帯びているので、棄教するということは、内乱罪や大逆罪に相当し、非常に厳しい結果を招くこともある。イスラームは生きている宗教で、活性化し凝集力が高まっており、さらに9・11事件以後は、自分たちイスラーム教徒は、抑圧されているという被害者意識も強い。だから、極端な対応をする場合があるのは事実だ。

泉　現在世界中で偏狭なナショナリズムや宗教が強まっていて、経典を言葉どおりに解釈し、すべては歴史的事実として捉えることが他の宗教でも強まっている。

博　イスラームにも確かに硬直した側面はある。それとともに、自由で多様な解釈を柔軟に行っている人びともいる。特に中東の周辺の地域やイスラーム教徒がマイノリティである国の人びとに多い。

泉　確かに、マイノリティの人びとは、マジョリティと折り合いを付けなくてはいけないし、マイノリティとしての苦闘の末に柔軟な共存の思想を生み出した。また、弱者の気持ちがわかり、上から目線にならずに平和や共存志向が強くなるかもしれない。

博　例えば、イスラーム教徒の中には、クルアーンに魅了されているが宗教の起源などに疑問を持ち、議論をするような学者もいる。そのような人びとを「批判的ムスリム学者」と呼んでいる。逆に非イスラーム教徒の側にも、クルアーンを愛読するイスラーム教徒の友であり、イスラーム教徒の感性に配慮し、理解した上でクルアーンを解釈する人びともいる。

勝　宗教は違うけれど、その二者はわかり合える気がする。どちらも相手を理解した上で、自宗教を信じるが、それとともに自宗教を客観的に見つめる視点も持っている。

博　宗教実践者の熱情や信仰心も理解しながらも、宗教を客観的、合理的に捉える二つの観点が重要だ。ややもすると、自宗教を見つめることはせずに、妄信になることが歴史上多かった。宗教によってどれほどの人びとが犠牲になったかわからない。

泉　日本には、宗教に対して低く見る傾向がある。宗教を信ずる人は騙されていて、かわいそうで、洗脳されていて怖いなどの印象が強い。

博　そのような考えはグローバルスタンダードではない。世界には宗教実践者かつ研究者・教育者はとても多い。日本人は宗教に対してきちんと理解する必要がある。

勝　でもそれとともに、宗教者も妄信せず、自宗教ですら相対化してほしいよ。確かに怖い側面もあるのだから。

博　イスラームでも新しい流れが少しずつ出てきている。インドの平和思想家ワヒードゥッディーン・ハンは、通常身体的な戦いとして捉えられているクルアーンの句を、内面を重視する闘争のプロセスとして解釈し直している。イギリスのズィアウッディン・サルダールも、クルアーンを字句どおりに解釈せず、比喩として読んでいる。字句どおりの意味に理解することにとどまる者は、論理的思考つまり熟考を怠っているのであり、それはクルアーンに対する冒瀆でさえあると言っていた。

泉　なるほど。柔軟な解釈も生まれているんだ。

博　宗教実践者の熱情への理解と、研究者の冷徹な客観性が両輪のごとく動く、宗教共存の柔軟な解釈が今後重要になっていく。さらに宗教と科学が折り合いをつけ、協力することも

コラム 11

日本人の宗教観

日本では、「信仰のない宗教」と言われ、日常的な宗教実践はしないが、宗教的なものには多くの人が関心を寄せている。日本の宗教法人は約20万あり、宗教年鑑による信者数は、約1億8000万人で、人口を上回っている。

日本では、宗教は弱い者がやる、騙されているなどと言われ、宗教を低く見る傾向あるが、それはグローバルスタンダードではない。特に知識人や教育者、マスコミ関係者の中で宗教実践者は少なく、「宗教のようにマインドコントロールされている」という言葉がテレビでも言われている。このような言説は、海外ではあまり聞かれず、宗教関係者から当然クレームが来るであろう。

世界遺産、京都の清水寺 /PIXTA

現在、宗教と科学の架橋を図ろうとする動きや、宗教を客観的に捉えつつも、科学や論理では捉えられないスピリチュアルなものを求める動きもある。今後は、宗教実践者の論理を超えた熱情も理解しつつ、実践者も自宗教を相対化・客観化する視点が重要であろう。

宗教は戦争の動員の道具に使われることが多かった。本来の教義は平和的で人道的であったが、宗教が政治と結びつき、国教となり、敵を作りイデオロギーと化すことがあった。宗教自身も、何のための宗教であるかに立ち戻り、宗教のための人間ではなく、人間のための宗教を目指すべきだろう。

必要になってくると思う。

(4) 仏教の意義と課題

博　次に私たちに最も身近な仏教について見ていこう。日本のお寺は8万弱あり、コンビニの6万弱よりかなり多い。

勝　そんなに多いの？　山のほうにあるから目立たないだけなのかも。でも葬式仏教と言われ、そんなに社会貢献していないイメージがある。

泉　確かに、寺は家の職業と化して世襲され、ただ葬式や法事のセレモニーをやっている。本当に仏教の教えを広めようとしている感じはしない。

博　確かに、その側面はある。しかし中には、寺子屋的学びの場を提供したり、地域に開いて老・病・死を緩和するケアセンターを作ったり、故人の生前の意思を最大に尊重したオリジナルな会葬をやったり、さまざまな工夫をしているお寺もある。

勝　8万もお寺があるんだから、活用しないともったいない。歴史的にも本来は生と死の専門家が僧侶だから、彼らから大いに学ぶ必要がある。

博　寺は歴史的にも、一大文化・教育・福祉・厚生施設だった。例えば大阪にある四天王寺には、医療施設、救護施設、薬剤施設、学問所などがあり、非営利をもとにした公益に資すものだった。いわばNPO（非営利団体）の元祖が寺だった。ちなみにイスラームのモスクも単なる宗教的なお祈りの施設だけではなく、この四天王寺と同じような多機能の場だ。

泉　勧進《かんじん》や普請《ふしん》などの寄付行為によって成り立っているのは、今のNPOみたいだ。

博　もちろん国家や有力者の庇護をうけた寺もあるが、自発的寄付による公益性増進が寺の使命だ。現在も宗教法人は税制上の優遇を受けているので、自分のところの宗教構成員のみではなく公益や社会に寄与することが重要だ。

勝　そうは言っても、生き生きと活動している寺は多いとは思えない。葬式仏教か観光仏教にしか見えない。民衆を救おうというよりも、生活と伝統を守るのに精いっぱいという感じがする。

博　だから、仏教に対して、当然批判もある。平和研究者のヨハン・ガルトゥングは仏教の短所として、次の六つを挙げている。第一に、仏教は、その寛容性ゆえに、例えば軍国主義という極めて暴力的な思想をも容認しがちである。第二に、経済政策における構造的暴力（貧困や差別）も黙認しやすい。第三に、僧による組織である僧伽（サンガ）は、しばしば社会から孤立して自閉的集団と化す。

泉　確かに、山などにこもり、社会から隔絶して、人びとが直面するさまざまな問題を解決しようとしていないかもしれない。

博　第四に、報酬と見返りをもたらす権力に、時に簡単に迎合する。第五に、容易に敗北を受け入れる「宿命論」に陥る傾向がある。第六に、時として儀礼的になったり、華美になったり、けばけばしくなる。

勝　権力にすり寄ったり、権威を利用したりすることも多かった。過去の宿命なのだからあきらめようというような雰囲気もかなりあった。

博　仏教学者のラーガヴァンは、現代仏教が世界への影響力を失ったのは、民族的・国家的アイデンティティを超えられなかったからだと主張する。仏教が、地球規模の問題に対処するには、仏教徒間で脱民族・脱国家的視野に立たなくてはならないとしている。

泉　世界宗教は本来、国家や民族を超えるものであるはずだ。

博　仏教すべてがそうではないが、多くは生活や民衆から離れて社会性を失い、権力に迎合しつつも自らを宗教権威とし、宿命論を前面に押し出し、問題を黙認する傾向がある。このような仏教の課題や批判はきちんと受け止め、新しい時代に適合した宗教を目指すべきだろう。

(5) 仏教平和学の展望

博 いろいろ問題はあるが、それを批判的に乗り越え、日本の伝統でもあり、私たちのメンタリティに大きく影響を及ぼしている仏教的観点から平和を論じることも重要だと思う。ユダヤ・キリスト・イスラームなどの一神教とは異なる唯一と言ってもよい世界宗教なので、その意義は大きいだろう。だから仏教平和学を作り出すことは重要だと思う。

勝 仏教平和学って聞いたことがない。誰かほかの人は言っているの?

博 たぶん、言っていないと思う。まだ試論だけれど、仏教平和学の大まかな特徴を九つ挙げてみる。第一は、生命の尊厳だ。仏教徒にとって不殺生戒は一番重要なものであり、生き物をむやみに殺すことは最も重い罪である。近年、政治学でも非殺人(Non-killing)が注目されており、仏教の不殺生戒とも通底する。あらゆる生命に仏性が内在し、何ものに代えがたいものであるから、生命は尊い。

泉 やっぱり、第一は生命の尊厳、非殺人、不殺生だね。これが無いと仏教ではない。でもこの観点は、他の宗教でも説かれることは多いと思う。

博　第二は、単に生命のみを尊極なものとは考えず、森羅万象《しんらばんしょう》あらゆるものを大切に思い、扱うことだ。仏教では、人間ばかりでなく、動植物、さらに国土や天体などすべてのものに仏性があると説く。また、環境と主体が密接な関係を持つ依正不二《えしょうふに》の考えも重要だ。これらは、万物との調和を目指すものであり、非人間中心主義で環境的平和志向性も有していると思う。

勝　これはかなり東洋的で仏教的な観点のような気がする。環境問題が叫ばれている現在、とても有効な考えだ。

博　このことは最近議論されている動植物と人間の健康が一体であるとするワンヘルスや、人間以外も重視するノン・ヒューマンの考え方とも親和性がある。生命の尊厳に至上の価値をおきながら、その生命とは人間を含む生物の生命だけでなく、無生物や無機物を含む宇宙全体が尊厳性を有する生命的存在であるとの考え方は重要だ。

泉　生命的存在の有情も非生命を含む非情も、さらに国土や天体すべてに仏性があるとは面白い。まさにノン・ヒューマン重視の考え方だ。

博　第三は、内在性の重視だ。超越者を認めず、究極のものは自身の内部に存在し、ありのままの自分の中に、無限の可能性があると説く。外在的な教祖や権力者に服従するのではなく、また外在的なイデオロギーにより人間が犠牲となることを戒める。物神崇拝（フェティシズム）の排除もこれに大きく関係している。現在問題となっている外在的な存在で人間をしばっている貨幣、権力、偏狭な自己中心性を超克する視点は大切だ。

泉　そうそう、今一番勢いがある宗教は、「お金教」と「排他教」と誰かが言っていたけれど、まさに人間の外にある外在的なものが、私たちを支配しているのが現実だ。自分で作ったものに支配されている倒錯だ。

博　第四は、長い視点や広い視野をもたらす宇宙観だ。仏教では、宇宙生命そのものを法（ダルマ）としている。民族や国家を超えて、現在世界ではびこっている偏狭な内向き志向への対抗となるだろう。宇宙誕生の138億年の歴史からみるビッグヒストリーによれば、宇宙のすべての存在は、宇宙のチリやガスから作られた同胞だ。

勝　確かに、動物や植物、さらに空気、水、土地も、万物は共通の起源を持つきょうだいだ。そう考えると戦争や環境破壊がいかに愚かなものかわかる。

博　第五は、非暴力平和志向だ。個人の幸福のみではなく、戦争のない社会、さらに社会の安寧や万人の幸福まで視野に入れた積極的平和を志向する。第六は、現実的社会性だ。理想をどこか遠いところに求めるのではなく、現実の社会に根差し、生活を重視する。今ここで、生活者として生き抜くことを仏教では教えている。

泉　ただ暴力的な僧兵の存在や現世から逃避する仏教もあるけどね。

博　第七は、非権力民衆性だ。民衆が主体性を持つ万人成仏観がある。また、苦しむ民衆を救うため、あえて願って困難で災難が多い場所に生まれる願兼於業《がんけんおごう》の視点も有している。第八は関係主義だ。主体はそれ自体で存立するのではなく、他との関係の中で成り立つ。縁《えん》起《ぎ》などの関係主義は現在注目されており、他との共存を目指す上でも関係主義は重要だ。

泉　関係主義は最近の学問でもかなり取り上げられていると聞いたことがある。固定的、実体的、非歴史的に物事を考えてはならないということでしょう。

博　第九は中道主義だ。中道とは二者の中間ではなく、有と無、生と滅、苦と楽、常と断などの両極端に執着しない考え方だ。急進主義や停滞主義をとるのではなく、漸進《ぜんしん》主義を目指すこととも関係する。

勝　なるほど、面白いな。今後の宗教的平和観に大きく寄与しそうだ。ただこの九つはすべての仏教に現実に当てはまるものではなく、そうあるべきだという理想もかなり入っている気がする。

博　そうだ。「である」ではなく「べき」論もかなり入っている。ただこのような仏教の平和志向性は、民衆の幸福と世界の平和に大きく寄与すると思う。

（6）イスラームと仏教の関係

勝　イスラームと仏教の違いはどんな点なの？

博　イスラームも仏教も一枚岩ではないので、それぞれが多様ではあるが、大まかに違いを説明してみる。イスラームは厳格な一神教で、創造主としての神、つまりアッラーが存在するが、仏教にはそれがない。創造主や創造神というような超越者を認めていない。

勝　確かに、仏教には創造主などない。神みたいなものは存在するが、仏教や仏教徒を守護する役目だ。

博　仏教では内面を重視し、不幸や災難の原因は自己にあり、自らのうちに仏性があると捉える。イスラームのみならず一神教ではすべては神のはからいと考える。

泉　創造主といった超越的な神を説くイスラームと、超越者を認めず、自らに仏性があると説く仏教はかなり違うね。

博　他の違いとして、イスラームの創唱者であるムハンマドは、出家や隠遁《いんとん》もせず、結婚をして子どもを育てるなど、生活者、商人、政治家、司令官、裁判官などの多彩な側面を持っていた。彼は預言者ではあるが、通常の家庭生活を送る普通の人間であり、神格化されることはなかった。

勝　ブッダは神格化されたが、ムハンマドはそうではなかった。また、ムハンマドは預言者ではあるが、普通の生活をする人間だった。

博　イスラームには、欲望への罪悪感はそれほど存在せず、食欲や性欲を忌《い》み嫌わず、ごく普通の生活において神の救済を望んだ。欲望のような動物的側面も隠すことはせず、人間のありのままの姿を前提としていた。

泉　性欲なども忌み嫌っていないのか。もちろんそれは夫婦間のものでしょうけれども。

博　さらにイスラームは、偶像崇拝を徹底的に廃しており、これは仏像を本尊とする多くの仏教とはかなり異なる点だ。したがって、イスラームは、仏教徒を偶像崇拝者として低く見ることがある。

泉　偶像崇拝をしない仏教もあるけれど、多くの仏教では仏像を拝んだりするね。

勝　それじゃあ、類似点もあるの？　聞かせてよ。

博　これはなかなか難しいが、例えば、イスラームとは、絶対的帰依という意味だが、これは仏教の南無や帰命と同じような意味だ。また、イスラームの神性と仏教の仏性は比較可能かもしれない。さらに、仏教とイスラームの究極の真理は、究極的実在、絶対的一者、絶対的実在と言い換えられるかもしれない。

勝　なんだか難しいよ。

博　そうなんだけれど。一神教の全知全能にして万物の創造者という考え方は、宇宙の根源の法則である仏法を志向しているとも言われている。ところで、日蓮仏法とイスラームは多少類似性がある。

泉　どんな点なの、教えて。

博　第一に、どちらも偶像崇拝をしていない点だ。日蓮の本尊は仏像ではなく、文字マンダラだ。第二に、宗教と生活や政治・経済を分断して考えず信心即生活と捉えている。第三に、どちらもあの世や極楽などを理想とせず、現実のこの世界を重視する点だ。

勝　なるほど、細かく見ると類似点もかなりあるんだ。

博　今までは、イスラームと仏教はあまり接点がなく比較されることはなかったが、今後の世界平和を考える上でも、比較し、相違点や類似点を研究することは重要になってくるだろう。また、イスラームと仏教が協力すれば、世界の分断もかなり解消でき、一神教と東洋思想の橋渡しが可能になるかもしれない。

9　暴力にあらがう

(1) 非暴力への展望

泉　今まで争いのことばかり見てきたけれど、そればかりではないはず。暴力に対峙するさまざまな考えがあったからこそ、人類はこのように現在まで生きてこられたと思う。

博　そのとおりだ。暴力にあらがう思想や方法が厳然とある。例えば、非暴力だ。

勝　非暴力とくれば、マハトマ・ガンディーだね。

博　彼が一番有名だ。イギリスからの独立運動に際して非暴力・不服従を貫いた。非暴力による抵抗は、暴力よりもはるかに積極的で、暴力が動物の掟であるのに対して、非暴力は人類の法と主張した。

泉　ちょっと動物差別も感じるけど。ところで彼はヒンドゥー教徒だよね。

博　そう。ただキリスト教の影響も受けていたと言われている。インドの伝統的なアヒンサー（非暴力）に、「隣人愛」や「敵を愛する」「剣を取るものは剣で滅びる」などのキリスト教の教えも加えた。

泉　彼が生まれたのは、インドの北西部のグジャラートで、そこはヒンドゥー教、イスラーム、ジャイナ教などさまざまな宗教が混在した地域だったらしい。

博　それも彼の思想に影響した。さま

“マハトマ（偉大なる魂）”ガンディー（1869～1948）World History Archive/ニューズコム／共同通信イメージズ

ざまな宗教が存在していたので、互いの宗教を認めながら共存していこうとする宗教的多元主義が息づいていた。だから彼も偏狭なヒンドゥー至上主義者ではなかった。だから何とか、ヒンドゥー教徒とイスラーム教徒が共存するインドを作ろうとした。でも現実はインドとパキスタンに分離したけれど。

勝　そういうことだから、キリスト教もある程度受け入れたということだね。

博　またガンディーの宗教観は、超越的存在への信仰や神秘的宗教ではなく、サティーヤ（真理）への帰依であり合理的宗教とも言える。彼は他のエリート指導者とは異なり、農民を中心に幅広い人びとに思想を訴えていた。

泉　そういえば、植民地から独立を果たした指導者で国家元首にならなかったのはガンディーくらいじゃないかな。

博　国家権力や国家の暴力から一定の距離を取っていたからだろう。また最近では、彼の思想が反生産力主義、脱成長などの源流として評価されてきている。質素な生活という理想が、環境破壊に対する方法として注目されている。

勝　ところで、他に非暴力を唱えた人はいないの。

博　政治学者のジーン・シャープの非暴力主義もある。非暴力闘争の方法として、第一に、敵のパワーの源泉を切断し、支配者への服従・協力を拒否することだ。第二に、弱い者が強い者を倒す「政治的柔術」だ。また彼は、非暴力的闘争の主体は、絶対平和主義者でも聖人でもある必要はなく、宗教的・倫理的である必要もないと主張する。

勝　それなら、僕にもできそうだ。

博　彼は、具体的に198もの非暴力行動の方法を提示している。例えば、徴兵や国外追放に対して非協力になる。秘密警察の身分を暴く。勲章を放棄する。政府の公的援助を拒否する。公共の場で演説する。祈禱や礼拝を行う。ユーモラスな寸劇やいたずらを行う。ボイコット製品の非消費行動を起こすなどだ。

泉　いろいろな方法があって面白いね。お手軽に、非暴力の抵抗運動ができるね。でもそのような運動は有効なの？　暴力で押し切られそうだ。

博　シャープは、歴史上、軍事的交戦よりも政治的闘争のほうが死傷者の数は、ずっと少ないことを指摘している。さらに他の研究でも、１９００年から２００６年までの世界各地の政治抵抗運動について分析したところ、非暴力の抵抗運動の四分の三が成功していたのに対して、暴力を伴う抵抗運動は三分の一しか成功しなかった。

泉　それは素晴らしい。非暴力運動は成功率が高く、血も流れずに済み、暴力維持のための予算も低減化できるので、その効果は大きそうね。

(2) 非殺人の可能性

博　ところで、非殺人という言葉を聞いたことがある？

コラム 12

世界政府

最近、世界政府の議論はほとんどされていない。第二次大戦後、核兵器の登場による人類の破滅を阻止するために世界政府樹立の機運が高まった。だが現在、世界政府は夢想のように思われ、コスモポリタニスト（世界市民主義者）ですらほとんど議論をしていない。

近い将来の世界政府の樹立は不可能であろうが、主権の発動としての戦争の回避や国民国家や民族の相対化の観点から、世界政府の議論は有効であろう。排他的な線引き志向、内向きの排外主義を超克するために、少なくとも世界政府の方向性は間違っていないであろう。

世界政府の考え方は、世界全体を統治する単独の政府を形成することが望ましいとする立場である。これに対して、現在の多くの論者は、圧政のリスクを回避するため主権の分散化を主張している。

各地域の文化的、経済的、政治的自律性を承認している点、単一の軍事組織を持たない点、一人のリーダーによる単一の組織は必要とはしない点で、世界政府は現在の国民国家政府の単なる拡大版ではない。世界政府を現在の国民国家の延長上と考えるか、新しい世界共同体とするのかは、今後の課題であろう。現在の排他的な国家や民族を超える視点を世界政府の議論は持っているのである。

地球の未来は私たちの手の中に /PIXTA

勝　ない。仏教用語の不殺生と同じようなものなの？

博　非殺人はあまり日本では聞かないが、不殺生とかなり重なると思う。ただ不殺生のほうが人間以外にも使うので、広い概念だ。この非殺人（Non-killing）は、平和研究者のグレン・ペイジの本のタイトルで初めて使われた言葉だ。

泉　初めてタイトルになったのか？　大事な言葉なのに、なぜ今まであまり使われなかったのかな？

博　政治では、暴力や殺人が当然のことと考えられてきたからだ。

勝　当然なの？　そんなことはないだろう。現在では特に先進国では当然と考えられていないと思う。

博　もちろんその側面もあるけれど。ただ先進国にも、アメリカや日本のように、死刑があり、世論も支持しているので、合法的な殺人が認められているとも言える。だんだん少なくなってきているとはいえ、このような死刑制度、公権力による暴力、軍隊による武力行使などを前提として、政治が成り立ってもいる。

泉　そう言われてみれば、そうね。現在でも世界各地で「正義」のため戦争が行われている。むしろ最近は戦争が激化している感じがする。

勝　時代を経るにつれて、平和になり、人間が進歩するという考えは、間違っているのかもしれない。

博　政治学では、政府が自らの意思を強制させる最終手段として物理的暴力の保有と使用を前提としてきた。国家は人びとが保持する暴力を独占することで、国家の内外の平和を打ち立ててきた。このように、政治学では、国家や個人の安全のため、また「良き社会の創出と防衛のため」に殺人は不可欠であるとされている。

泉　なるほどね。それじゃ、ペイジの非殺人は、殺人が不可避であるとの従来の政治学を根本的に変革するものなのね。

博　非殺人社会とは、身近な共同体から始まり、地球的なレベルに至るまで、殺人の脅威が存在しない社会だ。そこでは殺人用の武器は存在せず、殺人目的の職業も存在せず、武器使用の正当性も存在せず、社会維持等のための殺人がない社会だ。このように人間社会においては、まず殺さないということが最低限の条件だ。

勝　でも理想的すぎると思う。まだまだ、そのような世界は実現できない。

博　今までの政治学の前提を覆すこのような主張を、幼稚な夢想だと、一笑に付すことができるだろうか。現在、紛争や暴力が蔓延し、分断や憎悪が世界に拡大している状況を改善する一つの方途ともなるかもしれない。また将来、この主張が当然であると考えられる可能性もあろうし、その歴史の流れを加速させる必要がある。

泉　ペイジは、何を根拠に非殺人の可能性を考えているの？

博　そもそも彼は非殺人を夢想だとは思っておらず、非殺人社会の実現可能性を次の七つの根拠に基づいて論じている。第一に、ほとんどの人間は人を殺さないという事実がまずある。

勝　確かに。僕の周りや知り合いで、殺人をした人は一人もいない。紛争地や治安が悪い地域以外では、ほとんどそうだろう。

博　第二に、人間の持つ非殺人の潜在能力は人類の精神的な遺産の中にある。第三に、科学は人間に非殺人能力があることを証明している。

泉　さまざまな文化的伝統に非殺人はかなり描かれている。

博　第四に、死刑廃止や良心的兵役拒否の制度化といった政策は、暴力的な国家によってさえ採用されている。

勝　死刑制度は先進国ではほとんどなくなっている。

泉　そうそう、日本に旅行に来たヨーロッパの人が、日本に死刑制度があることにびっくりしていた。日本は治安がよく安全で清潔な国だと思っていたのに、死刑が存在することに驚いていた。

博　第五に、実際に多くの社会団体が、非殺人社会の萌芽ともいうべきものを持っている。第六に、政治的・社会的・経済的な変革のための非暴力的な国民運動が、革命における殺人の有力な代替として力を増している。第七に、非殺人の希望と経験のルーツが、世界中の歴史的な伝統の中で発見されている。

勝　確かに、ある程度の根拠があるんだ。ところで、殺人の現場を現実に目にすることはないけれど、さまざまな映像で、このような殺人が頻繁に描かれている。何か違和感があるな。映像によって殺人に慣らされている可能性がある。

(3) 自己家畜化への道

博　自己家畜化も平和を考える際には重要な言葉だ。

コラム 13

利他の功罪

人間の社会は利他行動をもとにして成り立っている。こうした行動なしには、人間の社会は血縁集団を超えるような大きな集団を形成できなかった。あるいはその逆で、大きな集団を形成したからこそ、利他行動が必要になったとも言える。

近年の研究において、人間のさまざまな利他行動が報告されている。2歳未満の子どもが手の届かないところにある物をとろうとする大人を見て、見返りがなくても夢中で手助けしようとすることが確認された。だが、大人の手助けをすることで見返りを得られた場合では、子どもたちが手助けをする比率は40パーセントも低下したのである。

孫と一緒にコンピューターを学ぶ /PIXTA

他の実験でも、協力者を裏切ることによって大きな物質的利得を得ることよりも、相互協力のほうをほとんどの被験者が選好した。また、他者のためにお金を使うほど幸せを感じるという研究結果もあり、人間は与えることに喜びを感じる動物なのである。

しかし、利他行動が方向性を間違い、エスカレートする場合もある。戦時などの危機状況でよく見られる自己犠牲、企業や学校に対する過剰な忠誠心、所属集団に迷惑をかけたという自責の念からの自死など、行き過ぎた「利他」によって深刻な弊害もあった。このような点に注意しながらも、本来の利他的な行動により、対立や争い、さらには戦争への道を回避する必要がある。

勝　自己家畜化とは、なんか嫌な言葉だな。

博　確かに負の側面もある。自己家畜化により、都市化が進み、カプセル化され、自己ペット化しているとも言われている。過度な快適性や物質的豊かさへの依存、リスクへの脆弱性などをあぶりだす論理にもなっている。

泉　平和の観点で考えると、自己家畜化とはどういうことなの？

博　自己家畜化とは、野生動物が人間との共同生活に適応する過程のことで、さまざまな野生的な形質や性格が変化することだ。この概念を人間にも当てはめ、人間が自分自身を、家畜のようにおとなしく平和的に改変させることだ。これにより暴力的な存在から平和的なものに変化する過程や要因が分析できる。

泉　確かに、そもそも、人間が凶暴な生き物であるなら、お互いに殺し合って、もはや人間という生き物は絶滅していてもおかしくはない。すでに滅んでしまった祖先の中には、そのような人類がいたのかもしれない。

博　かつての人間は、極端に暴力的な人を自分たちの社会から放逐してきた可能性がある。攻撃性の高い人は子孫を残すことができず、攻撃性が低い穏やかな人たちのみ子孫を残すことができた。その結果、攻撃性の高い人は減少していった。

勝　家畜化すると、どのように変わるの？

博　人間にも動物にも見られる家畜化による変化は、第一に、野生種より小型になる。第二に、顔が平面的になり、前方への突出が小さくなり、歯やあごが小さくなる。第三に、雄が雄性を誇示しなくなるので、雄と雌の性差が小さくなる。第四に、認知能力は落ちずに脳が小さくなる。

泉　野生動物も、家畜として何代も経ると、耳は垂れてきて、しっぽは丸くなり、かわいらしく従順になるらしい。

博　動物にこのようなことが起こるのは、人との接触が多くなったり、狭い場所に集められたりした場合、ストレスに強い、別の言葉にすれば、ストレスを感じにくい個体が生き延びるからだ。つまり従順性への強い選択圧がかかるということだ。

勝　人間の進化の過程でも、以前の人類と比べて、自己家畜化によりどのような傾向が強くなったのかな？

博　心理においては、脳に精神を安定させるセレトニンと愛情ホルモンであるオキシトシンの増加が見られた。形態においては、中性化した顔や共感性の増加などの変化があった。社会的行動に関しては、集団内の食物分配や社会的絆などが著しく増加した。発達期間の拡大に関しては、緩《ゆる》やかな発達、学習期間の長期化が挙げられる。つまりこれらは、自己家畜化による社会性の向上と攻撃性の減少である。

泉　自己家畜化により、仲間意識が強まり攻撃性が弱まったのね。でも戦争は現在でも多発している。

博　そうだ、攻撃性全般が弱まったのではない。攻撃性には反応的攻撃性と能動的攻撃性がある。反応的攻撃性とは、カッとなって暴力をふるう激情タイプで、能動的攻撃性とは、計画し熟考する沈着冷静《ちんちゃくれいせい》タイプだ。

勝　反応的攻撃性は弱まったけれど、能動的攻撃性はむしろ強まったんじゃないかな。

博　そのとおり。命にかかわるような暴力は能動的攻撃性によるものだ。人間の進化において、反応的攻撃性は低下し、能動的攻撃性は高度に発達した。言語の使用で可能になった高度な意図の共有によって、能動的攻撃性が高まった。その典型は戦争という形態かもしれない。

(4) 長く広い視点で

博　138億年前の宇宙誕生以来の歴史から未来までも見据えるビッグヒストリーが現在、注目されている。

勝　138億年前って、ビッグバンから歴史を見るということ？

博　そうすれば、人類も国家も民族もかなり相対化されて見えてくる。今までの歴史は、政治家や国家などが中心に描かれ、暗記中心のナショナル・ヒストリーだった。

泉　確かに、日本史やフランス史など、国家の歴史が中心だった。時代によっては、日本とはどこからどこまでかわからないのに、当然のものとして、「日本の縄文時代」とか「古代の日本」などと教えられてきた。

博　そもそも、その時代には日本概念などなかったので、現在の状況を過去にまで投影したフィクションだ。しかも、多くの国で、自国が一番広がっていた頃を念頭に置いて、国境線を主張しているので、周辺諸国と国境線争いが起こっている。

勝　日本もそうだ。アメリカを除くすべての周辺諸国と争っている。

博　小さな島や岩を巡って争っている。多くの戦争も国境線争いが原因になることが多い。そうそう、アメリカ人のビッグヒストリー研究者が、川中島の話を始めた時はびっくりした。

泉　川中島？　戦国時代の武田氏と上杉氏の戦場だったあれ？

博　そう。500年ほど前には、今で言うと山梨軍と新潟軍が戦っていたことになる。現在では考えられないが。

勝　山梨も新潟もそもそも現在、軍は存在していない。全く考えられない。

博　そこが注目すべき点だ。今ではありえないが、138億年の歴史からすると500年はつい最近になり、その時私たちは内戦をして、日本人同士が殺し合っていた。例えば今後、神奈川軍と東京軍が大規模な戦争をやることは考えられるかな？

泉　ありえない。

博　他の例として、近代において、ドイツとフランスは、さんざん戦争をした。これ以上殺し合うと、自分たちがいなくなってしまうと強く危機を感じ、講和を結び国際機関やＥＵなどを作った。将来、独仏の戦争はもうほとんど考えられない。

勝　考えてみれば、日本もアメリカと約80年前には戦争をしていた。

博　「鬼畜米英」と相手を動物以下の存在と考え、自分が死んでもいいからと、神風攻撃などをした。ちなみに、現在自爆テロのことは「カミカゼ・アタック」とも言われている。

泉　日本がテロの本家本元とされるのは嫌だな。それにしても、再び日本とアメリカが戦争をすることは考えられない。

勝　考えられないどころか、現在日本はアメリカべったりで、そこが問題視されている。

博　そこで、少し想像力を働かせて、現在ウクライナやガザで戦争が起きていて、どちらもきょうだい同士が争っているが、いずれ和平が訪れるだろう。その時に、21世紀の人びとは愚かだった。きょうだい同士が争っていたとは、考えられない、ありえない、ということが将来言われるかもしれない。

泉　確かに、そうなるだろうし、早くそうならなくてはならない。21世紀の人びとはなんと愚かな、ありえない戦争をやっていた、と言われる日が来てほしい。

博　長い歴史から見ると、私たちはきょうだいで、この宇宙のすべての存在は、元々宇宙のチリやガスから作られた。人間や動植物、大地や大気、水など万物の起源は同じだ。動植物が健康でないと私たちも健康を維持できないワンヘルスの考え方は、コロナ禍で痛感させられた。

泉　すべてはきょうだいだとの志向様式は、環境問題を低減化できるだろう。また、宇宙から見れば、国境線も、民族やジェンダーの分断線も、貧富の格差も、全く存在しない。そのようなものは、私たちが恣意的に作り出した差異へのこだわりだろう。

勝　なるほど、長く広い視点はとても重要で、平和への展望になるということがわかった。

おわりに

人はなぜ争うのかという問題関心をもとに、戦争の原因と平和の方途を、三人の対話を通して論じた。

また本書は、『きちんと知ろうイスラーム』に続く、対話シリーズの続編である。三人の対話による前著は、わかりやすいと好評だった。本書も読みやすくはしたが、内容を落としたつもりはなく、大学でのテキストとしても使えるようにした。暴力によって問答無用を行う戦争と対峙するものが対話であり、非常に重要かつ有効であろう。

このような対話による著書を継続して刊行していきたい。現在考えているタイトルは、『共に幸福を目指して　共感・共有・共同』『なぜ貧しくなるのか　貧困・格差の原因とその解決』

『対立と共存のビッグヒストリーと宗教の起源』などである。

厳しい出版事情の中、いつもながら鳳書院の皆様に非常にお世話になった。厚く御礼申し上げる。また読者の皆様からのご指摘ご批判を切にお願いする。

二〇二五年二月十六日

著者

三牧聖子, 2022,「『人道』に潜むレイシズム　ウクライナとアフガニスタン、２つの人道危機」『立教アメリカンスタディーズ』44号、立教大学。
宮田律, 2024,『アメリカのイスラーム観　変わるイスラエル支持路線』平凡社。
向井直巳, 2014,「ユダヤ移民とパレスチナ問題」山室信一他編『現代の起点　第一次世界大戦　第４巻　遺産』岩波書店。
村岡潔, 2021,「総説　≪類的病者論≫と≪異邦人的接遇≫－共生とヘルスケア原論」『佛教大学総合研究所共同研究成果報告論文集』９号。
山我哲雄, 2003,『聖書時代史　旧約篇』岩波書店。
山極寿一, 2007,『暴力はどこから来たか　人間性の起源を探る』日本放送出版協会。
山極寿一編, 2007,『シリーズ　ヒトの科学　１　ヒトはどのようにしてつくられたか』岩波書店。
山極寿一, 2023,『共感革命　社交する人類の進化と未来』河出書房新社。
山極寿一、小原克博, 2019,『人類の起源、宗教の起源　ホモ・サピエンスの「信じる心」が生まれるとき』平凡社。
山崎達也, 2015,「イスラームから仏教への哲学的呼びかけ－存在一性論と空の哲学－」『大乗仏教の挑戦10　宗教間対話に向けて』東洋哲学研究所。
山田利一, 2023,「ユダヤ文化としてのハリウッド映画産業」『北洋大学紀要』２号、北洋大学。
油井大三郎, 2004,「世界史認識と平和」藤原修他編『グローバル時代の平和学１　いま平和とは何か　平和学の理論と実践』法律文化社。
油井大三郎, 2023,「ＮＡＴＯの東方拡大は戦争を抑止したのか」南塚信吾、油井大三郎、木畑洋一他著『軍事力で平和は守れるのか　歴史から考える』岩波書店。
ラーガヴァン, スレン, 2014,「仏教の(脱)民族化－グローバル化した世界秩序のために」『東洋学術研究』53巻２号、東洋哲学研究所。
ラブキン, ヤコブ, 2012,『イスラエルとは何か』平凡社。
ラミス, Ｃ・ダグラス, 2000,『憲法と戦争』晶文社。
ラミス, Ｃ・ダグラス, 2009,『ガンジーの危険な平和憲法案』集英社。
若原正巳, 2016,『ヒトはなぜ争うのか　進化と遺伝子から考える』新日本出版社。

史を見ない戦局談義はイスラエルへの同化だ」『週刊金曜日』1445号、金曜日。
林佳世子, 2008,『オスマン帝国500年の平和』講談社。
東大作, 2023,『ウクライナ戦争をどう終わらせるか－「和平調停」の限界と可能性』岩波書店。
平井文子, 2012,『アラブ革命への視角　独裁政治、パレスチナ、ジェンダー』かもがわ出版。
福井勝義, 1999,「戦いの進化と民族の生存戦略」国立歴史民俗博物館監修『人類にとって戦いとは１　戦いの進化と国家の生成』東洋書林。
福富満久, 2023,「イスラエルvsハマス　第5次中東戦争に突入か」『週刊エコノミスト』10月31日号、毎日新聞出版。
福富満久, 2023,「虐げられてきた中東の反乱　欧米列強は『恥を知れ』」『週刊エコノミスト』11月28日号、毎日新聞出版。
藤岡惇, 2004,「軍縮の経済学」磯村早苗他編『グローバル時代の平和学２　いま戦争を問う』法律文化社。
藤原哲, 2018,『日本列島における戦争と国家の起源』同成社。
保坂俊司, 2008,『ブッダとムハンマド　開祖でわかる仏教とイスラム教』サンガ。
保坂俊司, 2016,「日本的『平和』思想の淵源を訊ねて」『比較文明研究』21号、麗澤大学比較文明文化研究センター。
前田幸男, 2023,「ノン・ヒューマンの政治理論からの『持続可能な開発目標』の再構成－いのちの循環を自覚できる主体の立ち上げのために－」『国際政治』208号、日本国際政治学会。
前田幸男, 2023,『「人新世」の惑星政治学』青土社。
松井孝典, 2003,『宇宙人としての生き方－アストロバイオロジーへの招待－』岩波書店。
松岡幹夫, 2008,『現代思想としての日蓮』長崎出版。
松岡幹夫, 2020,『創価学会の思想的研究　上巻　平和・非暴力編』第三文明社。
松岡幹夫, 2020,『創価学会の思想的研究　下巻　人権・共生編』第三文明社。
松木武彦, 2001,『人はなぜ戦うのか　考古学から見た戦争』講談社。
松本直子, 2017,「人類史における戦争の位置づけ　考古学からの考察」『現代思想』45巻12号、青土社。
馬淵浩二, 2021,『連帯論　分かち合いの論理と倫理』筑摩書房。
ミアシャイマー, J., 2022,「この戦争の最大の勝者は中国だ」『文藝春秋』6月号、文藝春秋社。
水野和夫, 2017,『閉じてゆく帝国と逆説の21世紀経済』集英社。
南塚信吾, 2023,「ウクライナ戦争はどのようにして起こったのか」南塚信吾、油井大三郎、木畑洋一他著『軍事力で平和は守れるのか　歴史から考える』岩波書店。

彦他編『「分かち合い」社会の構想』岩波書店。
末木文美士, 2023,『絶望でなく希望を　明日を生きるための哲学』ぷねうま舎。
杉本良男, 2018,『ガンディー　秘教思想が生んだ聖人』平凡社。
鈴木潤, 2020,『仏法と科学からみた感染症』潮出版社。
鈴木董, 1997,『オスマン帝国とイスラム世界』東京大学出版会。
セリーム, ムハンマド, 2010,「仏教とイスラームの対話：その前提と展望」『東洋学術研究』49巻2号、東洋哲学研究所。
総合地球環境学研究所, 2022,『共感から共歓への昇華を目指して：レジリエンス人類史総合討論』総合地球環境学研究所。
高田信良, 2009,「仏教と倫理－＜宗教的実践＞についての一考察－」『宗教研究』第83巻2号、日本宗教学会。
高橋卓志, 2009,『寺よ、変われ』岩波書店。
高畠通敏, 1976,『政治学への道案内』三一書房。
竹沢尚一郎, 2023,『ホモ・サピエンスの宗教史　宗教は人類になにをもたらしたのか』中央公論新社。
立山良司, 2016,『ユダヤとアメリカ　揺れ動くイスラエル・ロビー』中央公論新社。
立山良司, 2021,「激化したイスラエル・パレスチナ対立　大規模衝突が明らかにした紛争の多面性」『国際問題』702号、日本国際問題研究所。
田畑茂二郎, 1994,「世界政府論の提起するもの」『世界法年報』14号、Japanese Association of World Law。
出川展恒, 2022,「存在感増すトルコの仲介外交　大統領再選と建国100年にらみ」『季刊アラブ』日本アラブ協会。
テヘラニアン, マジッド、池田大作, 2000,『二一世紀への選択』潮出版社。
東京新聞社会部, 2019,『兵器を買わされる日本』文藝春秋。
中西治, 2014,「ビッグ・ヒストリーとは何か」『地球宇宙平和研究所所報　ビッグ・ヒストリー入門』8号、地球宇宙平和研究所。
中野佳裕, 2014,「時代の分岐点としてのガンディー思想－石井一也著『身の丈の経済論』への招待」『社会科学ジャーナル』78、国際基督教大学。
中見真理, 2009,「ジーン・シャープの戦略的非暴力論」『清泉女子大学紀要』57号、清泉女子大学。
西田正規, 2007,『人類史のなかの定住革命』講談社。
沼野充義編, 1999,『ユダヤ学のすべて』新書館。
花野充道, 2014,「日蓮の生涯とその思想」小松邦彰他編『シリーズ日蓮　第2巻　日蓮思想とその展開』春秋社。
早尾貴紀, 2023,「『ガザの抵抗』『ガザの反撃』が意味するもの　パレスチナ収奪の歴金子真夕, 2023,「ウクライナ戦争がトルコに与える影響－トルコにもたらす好機と危機」『中東研究』546号、中東調査会。
萱野稔人, 2005,『国家とは何か』以文社。
萱野稔人, 2006,『カネと暴力の系譜学』河出書房新社。
川合伸幸, 2015,『ヒトの本性　なぜ殺し、なぜ助け合うのか』講談社。
川田洋一,2006,「法華経に見る平和思想」『東洋学術研究』45巻2号、東洋哲学研究所。
ガンジー, 2001, 森本達雄訳『非暴力の精神と対話』第三文明社。
クーリエ・ジャポン編, 2021,『新しい世界　世界賢人16人が語る未来』講談社。
小林直樹, 2006,「総合人間学の課題と方法」小林直樹編『シリーズ総合人間学１　総合人間学への試み　新しい人間学に向けて』学文社。
小林直樹, 2008,「暴力考（Ⅰ）－人間学的視点から」『国家学会雑誌』121巻３・４号。
小林正博, 2006,「日蓮に見る安穏思想」『東洋哲学研究所紀要』22号、東洋哲学研究所。
小林正博, 2007,「日蓮の平和論」『東洋学術研究』46巻2号、東洋哲学研究所。
小林正博, 2022,「安穏といくさ－平和論」東洋哲学研究所編『日蓮の心』第三文明社。
斎藤純一, 2003,「依存する他者へのケアをめぐって－非対称性における自由と責任」『年報政治学』54号、日本政治学会。
酒井啓子, 2023,「読書・観賞日記　読んで、観て、聴いて　人間を描く作品たち」『世界』12月号、岩波書店。
酒井英樹, 2022,「おわりに」創価学会学術部・ドクター部編『危機の時代を生きる２』潮出版社。
佐藤成基, 2014,『国家の社会学』青弓社。
佐藤弘夫, 2014,「日蓮の国家観」小松邦彰他編『シリーズ日蓮　第2巻　日蓮思想とその展開』春秋社。
佐藤優, 2022,『プーチンの野望』潮出版社。
眞田芳憲, 2000,『イスラーム法の精神』改訂増補版、中央大学出版部。
佐原真, 2005,『佐原真の仕事４　戦争の考古学』岩波書店。
更科功, 2022,『禁断の進化史　人間は本当に「賢い」のか』NHK出版。
塩尻和子, 2007,『イスラームを学ぼう　実りある宗教間対話のために』秋山書店。
塩谷昌史, 2023,「『超限戦』としてのウクライナ紛争（2022年2月～９月）」『経済学雑誌』123巻2号、大阪市立大学経済学会。
篠原雅武, 2020,『「人間以後」の哲学　人新世を生きる』講談社。
嶋田義人, 2003,「悪や不幸をどのように説明するのか－災因論からみたイスラーム、キリスト教、仏教の比較の試み－」『宗教哲学研究』20巻0号、宗教哲学会。
進藤榮一, 2017,『アメリカ帝国の終焉　勃興するアジアと多極化世界』講談社。
神野直彦, 2017,「『分断』と『奪い合い』を越えて－どんな社会を目指すのか」神野直稲垣久和他編, 2006,『公共哲学16　宗教から考える公共性』東京大学出版会。
稲村哲也, 2022,「セルフ・ドメスティケーション（自己家畜化）」稲村哲也他編『レジリエンス人類史』京都大学出版会。
井上大介, 2022,「感染症を巡る宗教と社会」創価学会学術部・ドクター部編『危機の時代を生きる２』潮出版社。
今井宏平編, 2022,『教養としての中東政治』ミネルヴァ書房。
今井宏平, 2022,「ウクライナ戦争をめぐるトルコの対応－積極的中立と世論調査の変化から読み解く」『IDE スクエア　世界を見る眼』アジア経済研究所。
今井宏平, 2023,「大国の隣で生きる－フィンランドとトルコ」『IDE スクエア　世界を見る眼』アジア経済研究所。
岩木秀樹, 2018,『中東イスラームの歴史と現在－平和と共存をめざして』第三文明社。
岩木秀樹, 2020,『共存と福祉の平和学－戦争原因と貧困・格差』第三文明社。
岩木秀樹, 2022,『きちんと知ろうイスラーム』鳳書院。
岩木秀樹, 2024,『幸福平和学　暴力と不幸の超克』第三文明社。
上野成利, 2006,『暴力』岩波書店。
臼杵陽, 2009,『イスラエル』岩波書店。
臼杵陽, 2013,『世界史の中のパレスチナ問題』講談社。
臼杵陽, 2023,「ハマースはなぜイスラエル攻撃に至ったのか」『世界』12月号、岩波書店。
遠藤誠治, 2018,「論点１　平和研究の方法　平和を求めるなら戦争の準備をすべきか」日本平和学会編『平和をめぐる14の論点　平和研究が問い続けること』法律文化社。
大川玲子, 2004,『聖典「クルアーン」の思想　イスラームの世界観』講談社。
大川玲子, 2018,『クルアーン　神の言葉を誰が聞くのか』慶應義塾大学出版会。
大川玲子, 2021,『リベラルなイスラーム　自分らしくある宗教講義』慶應義塾大学出版会。
岡部和雄,1987,「業と平和思想」『東洋学術研究』26巻2,号、東洋哲学研究所。
小田亮, 2011,『利他学』新潮社。
小田桐確, 2022,「グレン・D・ペイジ著『殺戮なきグローバル政治』」『人権を考える』25号、関西外国語大学。
小田淑子, 2020,「宗教学からみたイスラームと日本的宗教」日本のイスラームとクルアーン編集委員会編『日本のイスラームとクルアーン　現状と展望』晃洋書房。
片山博文, 2023,「宇宙飛行士による＜宇宙的視点＞の諸相」『桜美林大学研究紀要　総合人間科学研究』3号、桜美林大学。
加藤周一, 1992,「夕日妄語」『朝日新聞』夕刊、1992年７月21日。
ガブリエル, マルクス, 2020, 大野和基訳『世界史の針が巻き戻るとき　「新しい実在論」は世界をどう見ているか』PHP研究所。

（日本語）

朝日新聞
日本経済新聞
読売新聞

赤尾光春, 2022,「ロシア語を話すユダヤ人コメディアンvsユダヤ人贔屓の元KGBスパイ」『現代思想　6月臨時増刊号』50巻6号、青土社。
飯島渉, 2020,「感染症と文明、その中国的文脈について」『現代思想5　感染/パンデミック－新型コロナウイルスから考える』48巻7号、青土社。
飯田高, 2016,「社会規範と利他性　－その発現形態について－」『社会科学研究』67巻2号、東京大学社会科学研究所。
池内恵, 2022,「ロシア・ウクライナ戦争をめぐる中東諸国の外交」『ウクライナ戦争と世界のゆくえ』東京大学出版会。
池田大作, 1991,『池田大作全集』3巻、聖教新聞社。
池田大作、ガルトゥング, ヨハン, 1995,『対談　平和への選択』毎日新聞社。
池田大作, 2004,『新・人間革命』6巻、聖教新聞社。
石井一也, 2008,「モハンダース・K・ガンディーの宗教観と基本的諸信条－マックス・ヴェーバーの『現世逃避型瞑想』と『現世内的禁欲』の概念に照らして」『香川法学』、香川大学法学会。
石津朋之, 2004,「戦争の起源と本質をめぐる試論」石津朋之編『戦争の本質と軍事力の諸相』彩流社。
石弘之, 2021,「感染症は環境問題」聖教新聞報道局編『危機の時代を生きる』潮出版社。
井筒俊彦訳, 1957, 1958,『コーラン　上中下』岩波書店。
市川裕, 2003,「ユダヤ人をユダヤ人にしたもの－トーラーの精神」宮本久雄他編『一神教文明からの問いかけ』講談社。
市川裕, 2004,『ユダヤ教の精神構造』東京大学出版会。
伊藤亜紗他, 2021,『「利他」とは何か』集英社。
伊藤武彦, 2001,「攻撃と暴力と平和心理学」心理科学研究会編『平和を創る心理学－暴力の文化を克服する－』ナカニシヤ出版。
伊藤康, 2017,「環境保全型社会と福祉社会の統合」神野直彦他編『「分かち合い」社会の構想』岩波書店。
伊藤恭彦, 2017,「グローバリゼーションと政府－世界政府とグローバル・ガバナンス－」菊池理夫他編『政府の政治理論－思想と実践』晃洋書房。

Lessons," *Numen* , Vol. 42, No. 2, Brill.

Sharp, Gene, 2010, *From Dictatorship to Democracy: A Conceptual Framework for Liberation,* The Albert Einstein Institution,（=2012, 瀧口範子訳『独裁体制から民主主義へ　権力に対抗するための教科書』筑摩書房。）

Singer, Peter, 1993, *Practical Ethics,* 2nd Edition, Cambridge University Press,（=1999, 山内友三郎他監訳『実践の倫理　新版』昭和堂。）

Singer, Peter, 2015, *The Most Good You Can Do,* Yale University,（=2015, 関美和訳『あなたが世界のためにできるたったひとつのこと　＜効果的な利他主義の＞のすすめ』NHK出版。）

Smith, Philip E. L., 1976, *Food Production and Its Consequences.*（=1986, 戸沢充則監訳『農耕の起源と人類の歴史』有斐閣。）

Stiglitz, Joseph and Bilmes, Linda J., 2008, *The Three Trillion Dollar War,* W. W. Norton & Company.（=2008,『世界を不幸にするアメリカの戦争経済　イラク戦費3兆ドルの衝撃』徳間書店。）

Stiglitz, Joseph, 2012, *The Price of Inequality,* W.W. Norton & Company.（=2012, 楡井浩一他訳、『世界の99%を貧困にする経済』徳間書店。）

Storr, Anthony, 1968, *Human Aggression,* Allen Lane The Penguin Press. (=1973, 高橋哲郎訳『人間の攻撃心』晶文社。）

Weber, Max, 1919, *Politik als Beruf.* (=1980, 脇圭平訳『職業としての政治』岩波書店。）

Wrangham, Richard, 2019, The Goodness Paradox: *The Strange Relationship Between Virtue and Violence in Human Evolution.* (=2020, 依田卓巳訳『善と悪のパラドックス　ヒトの進化と＜自己家畜化＞の歴史』NTT出版。）

Wright, Quincy, 1983, *A Study of War,* 2nd Edition, University of Chicago Press.

Karpat, Kemal and Yıldırım, Yetkin eds., 2010, *The Ottoman Mosaic: Exploring Models for Peace by Re-Exploring the Past,* Cune Press.

Kazemi, Shah Reza, 2010, *Common Ground Between Islam & Buddhism,* The Royal Aal al-Bayt Institute for Islamic Thought.

Keegan, John, 1993, *A History of Warfare.* (=1997, 遠藤利国訳『戦略の歴史―抹殺・征服技術の変遷 石器時代からサダム・フセインまで』心交社。)

Klineberg, Otto, 1964, *Human Dimension in International Relations,* Holt,Rinehart & Winston of Canada. (=1967, 田中良久訳『国際関係の心理－人間の次元において』東京大学出版会。)

Mearsheimer, John, Stephen Walt, 2007, *The Israel Lobby and U.S. Foreign Policy,* Farrar Straus & Giroux. (＝2007、副島隆彦訳『イスラエルロビーとアメリカの外交政策』1, 2巻、講談社。)

Morelli, Anne, 2001, *Principes Elementaires de Propagande de Guerre,* Les Editions Labor. (=2015, 永田千奈訳『戦争プロパガンダ10の法則』草思社。)

Muhammad, Prince Ghazi bin, "Introduction to Common Ground," Kazemi, Shah Reza, 2010, *Common Ground Between Islam & Buddhism,* The Royal Aal al-Bayt Institute for Islamic Thought.

Musa, Mohammad Alami, 2015, "Islam and Buddhism: Preserving Harmonious Relations, "*RSIS Commentary,* No. 7, Nanyang Technological University.

Obuse, Kieko, 2015, "Finding God in Buddhism: A New Trend in Contemporary Buddhist Approaches to Islam, "*Numen* , Vol. 62, No. 4, Brill.

Paige, Glenn, 2009, *Nonkilling Global Political Science,* (=2019, 酒井英一監訳『殺戮なきグローバル政治学』ミネルヴァ書房。)

Pinker, Steven, 2018, *Enlightenment Now: The Case for Reason, Science, Humanism, and Progress.* (=2019, 橘明美、坂田雪子訳『21世紀の啓蒙　理性、科学、ヒューマニズム、進歩』上下、草思社。)

Poast, Paul, 2006, *The Economics of War*, The McGraw-Hill Companies. (=2007, 山形浩生訳『戦争の経済学』バジリコ。)

Rabkin, Yakov M., 2004, *Au nom de la Torah: Une histoire de l'opposition juive au sionisme,* Qébec : Les Presses de l'Université Laval. (＝2010、菅野賢治訳『トーラーの名において　シオニズムに対するユダヤ教の抵抗の歴史』)

Rogan, Eugene, 2015, *The Fall of the Ottomans: The Great War in the Middle East, 1914-1920,* Penguin Books.

Scheidel, Walter, 2017, The *Great Leveler,* Princeton University Press. (=2019,『暴力と不平等の人類史　戦争・革命・崩壊・疫病』東洋経済新報社。)

Scott, David, 1995, "Buddhism and Islam: Past to Present Encounters and Interfaith

Brown, Cynthia, Stokes, 2017, *Big History, Small World: From the Big Bang to You*, Berkshire Publishing Group LLC. (=2024, 片山博文、市川賢司訳『ビッグバンから「あなたまで　若い読者に贈る138億年全史』亜紀書房。)

Christian, David et al., 2014, *Big History: Between Nothing and Everything*, McGraw-Hill Education.

Christian, David, 2018, *Origin Story: A Big History of Everything*, Little, Brown and Company. (=2019, 柴田裕之訳『オリジン・ストーリー　138億年全史』筑摩書房。)

Christian, David, 2022, *Future Stories: What's Next ?*, Little, Brown Spark, (=2022, 水谷淳他訳『「未来」とは何か－1秒先から宇宙の終わりまで見通すビッグ・クエスチョン』ニューズピックス。)

Dagli, Caner, 2013, "Jihad and The Islamic Law of War, " Ghazi bin Muhammad eds., *War and Peace in Islam: The Uses and Abuses of Jihad*, The Islamic Texts Society.

De Waal, Frans, 2009, *The Age of Empathy: Nature's Lessons for Kinder Society*. (=2010, 柴田裕之訳『共感の時代へ　動物行動学が教えてくれること』紀伊国屋書店。)

Dyer, Gwynne, 2022, *The Shortest History of War*. (=2023、月沢李歌子訳『戦争と人類』早川書房。)

Eibl-Eibesfeldt, Irenaus, 1975, *Krieg und Frieden*, R. Piper & Co. (=1978, 三島憲一他訳『戦争と平和　下』思索社。)

Gat, Azar, 2006, *War in Human Civilization*, Oxford University Press. (=2012, 石津朋之他監訳『文明と戦争』上下、中央公論新社。)

Giddens, Anthony, 1985, *The Nation-State and Violence*, Polity Press. (=1999, 松尾精文他訳『国民国家と暴力』而立書房。)

Giddens, Anthony, 1989, *Sociology*, Polity Press. (=1992, 松尾精文訳『社会学』而立書房。)

Graeber, David and Wengrow, David, 2021, *The Dawn of Everything: A New History of Humanity*, Allen Lane. (=2023, 酒井隆史訳『万物の黎明　人類史を根本からくつがえす』光文社。)

Grossman, David, 1995, *On Killing*, (=2004, 安原和見訳『戦争における「人殺し」の心理学』筑摩書房。)

Hanioğlu, M. Şükrü, 2008, *A Brief History of the Late Ottoman Empire*, Princeton University Press.

Harari, Yuval Noah, 2011, Sapiens: *A Brief History of Humankind*, Vintage. (=2016, 柴田裕之訳『サピエンス全史』上下、河出書房新社。)

Huda, Qamar-ul ed., 2010, *Crescent and Dove Peace and Conflict Resolution in Islam*, United States Institute of Peace Press.

Kamali, Mohammad Hashim, 2013, "Introduction," Ghazi bin Muhammad eds., *War and Peace in Islam: The Uses and Abuses of Jihad*, The Islamic Texts Society.

参考文献

(トルコ語)

Cumhuriyet

Hürriyet

Ortaylı, İlber, 2009, *Osmanlı'yı Yeniden Keşfetmek,* Timaş Yayınları.

Ortaylı, İlber, 2010, *Osmanlı Barışı,* Timaş Yayınları.

Şahin, Türel Yılmaz, 2011, *Uluslararası Politikada Orta Doğu,* Barış Kitap.

(西欧語)

Adams, David, 1989, *Disseminated by Decision of the General Conference of UNESCO at Its Twenty-fifth Session Paris,* 16 November 1989, (=1996, 杉田明宏他編集、中川作一訳『暴力についてのセビリア声明－戦争は人間の本能か－』平和文化。)

Afsaruddin, Asma, 2010, "Recovering the Early Semantic Purview of *Jihad* and Martyrdom Challenging Statist-Military Perspectives," Qamar-ul Huda ed., *Crescent and Dove Peace and Conflict Resolution in Islam,* United States Institute of Peace Press.

Alvarez, Walter, 2017, *A Most Improbable Journey: A Big History of Our planet and Ourselves.* (=2018, 山田美明訳『ありえない138億年史　宇宙誕生と私たちを結ぶビッグヒストリー』光文社。)

Amjad-Ali, Charles W., 2009, " Jihad and Just War Theory: Dissonance and Truth," *Dialog: A Journal of Theology,* Vol. 48, No. 3.

Berghahn, Volker R., 1986, *Militarismus: Die Geschichte einer internationalen Debatte,* Berg Publishers. (=1991, 三宅正樹訳『軍国主義と政軍関係』南窓社。)

Bowles, Samuel, and Gintis, Herbert, 2011, *A Cooperative Species: Human Reciprocity and Its Evolution,* Princeton University Press. (=2017, 大槻久他訳『協力する種　制度と心の共進化』NTT出版。)

Bowles, Samuel, 2016, *The Moral Economy: Why Good Incentives Are No Substitute for Good Citizens,* Yale University Press. (=2017, 植村博恭他訳『モラル・エコノミー　インセンティブか善き市民か』NTT出版。)

Brodie, Bernard, 1973, *War & Politics,* Macmillan.

岩木秀樹（いわき・ひでき）

1968年、兵庫県尼崎市生まれ。

1986年、都立八王子東高校卒業。

1994-1995年、トルコ共和国アンカラ大学留学。

2000年、創価大学博士後期課程修了、博士（社会学）。

専門は、平和学・中東イスラーム学・国際関係学。

現在、創価大学・神戸学院大学非常勤講師、東洋哲学研究所研究員。

単著に、『戦争と平和の国際関係学―地球宇宙平和学入門―』論創社、2013年、『中東イスラームの歴史と現在―平和と共存をめざして―』第三文明社、2018年、『共存と福祉の平和学－戦争原因と貧困・格差』第三文明社、2020年（岡倉天心若手奨励賞受賞）、『きちんと知ろうイスラーム』鳳書院、2022年、『幸福平和学　暴力と不幸の超克』第三文明社、2024年。

人《ひと》はなぜ争《あらそ》うのか ――戦争《せんそう》の原因《げんいん》と平和《へいわ》への展望《てんぼう》――

2025年3月16日　初版第1刷発行

著　者　岩木秀樹《いわきひでき》
発行者　松本義治
発行所　株式会社　鳳書院
〒101-0061 東京都千代田区神田三崎町2-8-12
電話番号　03-3264-3168（代表）
ＦＡＸ　03-3234-4383
https://www.otorisyoin.com

印刷所・製本所　壮光舎印刷株式会社

ISBN 978-4-87122-218-1